催眠術のかけ方

初心者からプロまで今日から使える

催眠誘導研究所所長
林貞年 著

現代書林

◎まえがき……コミュニケーションとしての催眠術

人の言葉や態度というのは他人に影響を与えますよね。言葉や態度を通じて放たれたメッセージには人の心を動かす力があるのです。

この力を最大限に生かすと、一時的に幻覚を見せることも可能だし、好き嫌いの感情を操作することもできる。ただし、このような現象を起こすほどの影響を与えるには、普段の日常生活で使う言葉に少し工夫をしないといけない。これがいわゆる催眠誘導暗示です。

催眠術を信じていない若い男性が、女性をゲットするためにメールの文章を工夫したり、どんな言葉で落とそうかと工夫するのも、目的が違うだけで、相手の心理を誘導することに関しては催眠術もなんら変わりはないのです。

さらに言えば、ビジネス上での取引相手とのコミュニケーション、勧誘のためのアプローチなど、人間関係におけるすべてのコミュニケーションに対して催眠術のノウハウはとてつもなく有効です。なぜなら私たち催眠術師は、相手と会った瞬間から極めて短い時間で有効なコミュニケーションを築かないと、プロとしてやっていけないからです。

本書ではこの極めて有効なコミュニケーションのとり方、つまりプロの使う催眠誘導を伝授いたします。

みなさんが催眠術を目にするのは、ほとんどがテレビを通じてだと思います。テレビの中で行なわれる催眠術は、催眠術師がかかった人に「足が床にくっつきました。もう歩けません」と言えば被験者は歩けなくなります。水をオレンジジュースだと言って飲ませると本当にオレンジジュースの味がします。「猫になる」と言えば猫になったように振る舞い、「犬になる」と言えば犬になったように振る舞います。

このような現象を見て、みなさんはどう思いますか？「ヤラセ？」「霊能力？」「超能力？」——そんなふうに思う人は少なくないでしょう。しかしヤラセでもなければ、催眠術師に特別な能力があるわけでもありません。

私は催眠術を仕事にしているため、催眠療法をやるかたわら催眠術のかけ方も直接指導していますが、私のところで直接指導を受けてくれた人の中に「妻が私の思い通りにならないから催眠術で思い通りにさせたい」という人がいました。逆に「夫をコントロールしたい」という女性もいます。他にも、好きな女性がいるけれど自分に振り向いてくれないから催眠術を覚えたいという人も少なくありません。

催眠術のノウハウは、人とコミュニケーションをとるための最高のツールだと思います。相手が女性だけでなく、どんな人にでも対応できるでしょう。しかし決まりきった呪文のような言葉を唱えるだけで人を催眠状態にすることはできませんし、相手の意思を無視して、催眠術で眠らせて術者の都合のいい暗示を入れても持続することはありません。なぜなら催眠術は心理学の一分野であって魔術ではないからです。

催眠術を習得するということは車の運転を覚えることと似ています。そのために勉強と実践が必要なのです。この書物はテレビなどではあまり放映されることのない隠された部分、つまり催眠術のかけ方を具体的に解説し、読者に催眠術のかけ方をマスターしていただくものです。

第一章では催眠術をかけるために必要な理論を学んでいただきます。第二章では具体的な技法を説明していきます。第三章では技術を向上させるために催眠術ショーを例にとって説明します。第四章では成功率を上げるテクニックをいくつか紹介していきます。第五章ではセックスへの応用を、第六章では催眠療法について少し触れてみたいと思います。

なお、催眠術は、それを行なう誘導者が全責任を負うものであり、読者の行なった催眠術に関して、出版関係者は一切の責任を負わないものとします。

第二章◉催眠術師への道——催眠術の基本テクニック23

第三章◉催眠術ショーの舞台裏——集団催眠の実践テクニック 11

第四章◉催眠術の極意――プロの成功テクニック9

第六章◉療法としての催眠誘導——催眠療法のエピソード7

第一章◉潜在意識との対話

催眠術の基礎知識25

◎人格変換……無意識にある演技のパフォーマンス

催眠術は相手の潜在意識に直接働きかけることにより、その人の中にある潜在能力を引き出すものです。その人の中にないものは催眠術を使っても出てきません。

たとえば小学生に催眠術をかけて「あなたは世界一のレーサーです」と暗示したとします。その子に「さあ腕の良いところを見せてください」と言っても、きっと「今日は体調が悪いからやめとく」などと、レーサーとして車の運転をことわるでしょう。レーサーがどういうものかという知識はあっても、車の運転技術はその子の中にないからです。

テレビのパフォーマンスや催眠術ショーを見ていると「あなたはウルトラマンです」とか「あなたは仮面ライダーになりました」などと暗示をかけるところを時々目にします。暗示をかけられた被験者は、まるで魂を抜かれた操り人形のようにウルトラマンになったり仮面ライダーになったり、術者に言われたものになってしまいます。

催眠ではこのような現象を『人格変換』などと大層な名前をつけていますが、実は潜在意識の中から演技能力を引き出しているだけなんです。無意識の演技能力ゆえに恥ずかしいと思いながらも自分では止められない。

私が4人の女性を一度に催眠誘導したときのことです。これはあるイベントで、多数の人が見学していました。主催者側の依頼は4人を憧れのアイドルに変えてくれというものでした。そのうちの一人には外人（ジュリア・ロバーツ）になるという暗示を入れたのですが、一人ひとりに名前を尋ねていくと、外人になってもらった女性は返事をしてくれません。

暗示がうまく入らなかったのかと思い、私はもう一度、暗示を入れ直しました。「目を閉じて……あなたはジュリア・ロバーツです……目を開けて……」。そしてもう一度、名前を尋ねました。やはり答えてくれません。眼の色といい、眼球の動きといい、間違いなく深い催眠に入っているはずです。

一瞬、間をおいて、私はすぐに気が付き、周りで見ている人に「日本語が分からないんですよ（笑）」と言うと、「そんなバカな～」といった感じで、このイベントを進行してくれていた人が英語で名前を尋ねました。

すると彼女はバッグンの発音で英語をしゃべりはじめたのです。周りで見ていた人たちは「おう～！」と声をあげて不思議がっています。あまりの英語のうまさに、本当に人格が変わってしまったのかと思っているんですね。

でも、本当に人格が変わってしまったのなら、私が「目を閉じて……」と言ったときも英語で言わないと彼女は理解しないはずです。しかし彼女は確かに目を閉じました。そして「目を開けて」という暗示でも彼女は目を開けてくれました。目が覚めるという暗示も、もちろん日本語です。彼女は確かに催眠から覚めました。

彼女はこのイベントの最中こっけいな発言をしたり、おどけた態度をしていたので、周りで見ていた人たちはそのギャップに驚いたのですが、じつは彼女の中には優れた英語能力があり、催眠術はそれを引き出しただけなのです。なおかつ無意識が外人として演技をするため、まるで人格が変わったようにも見える。

この無意識の演技能力のもとになるものは、その人の経験ですが、経験のないものは想像力というものから出してきます。たとえば「あなたは宇宙人です」と言えば被験者は宇宙人を見たことがなくても想像力を振り絞って本当にそれらしく振舞うのです。

◎トランス……催眠状態はその中のひとつでしかない

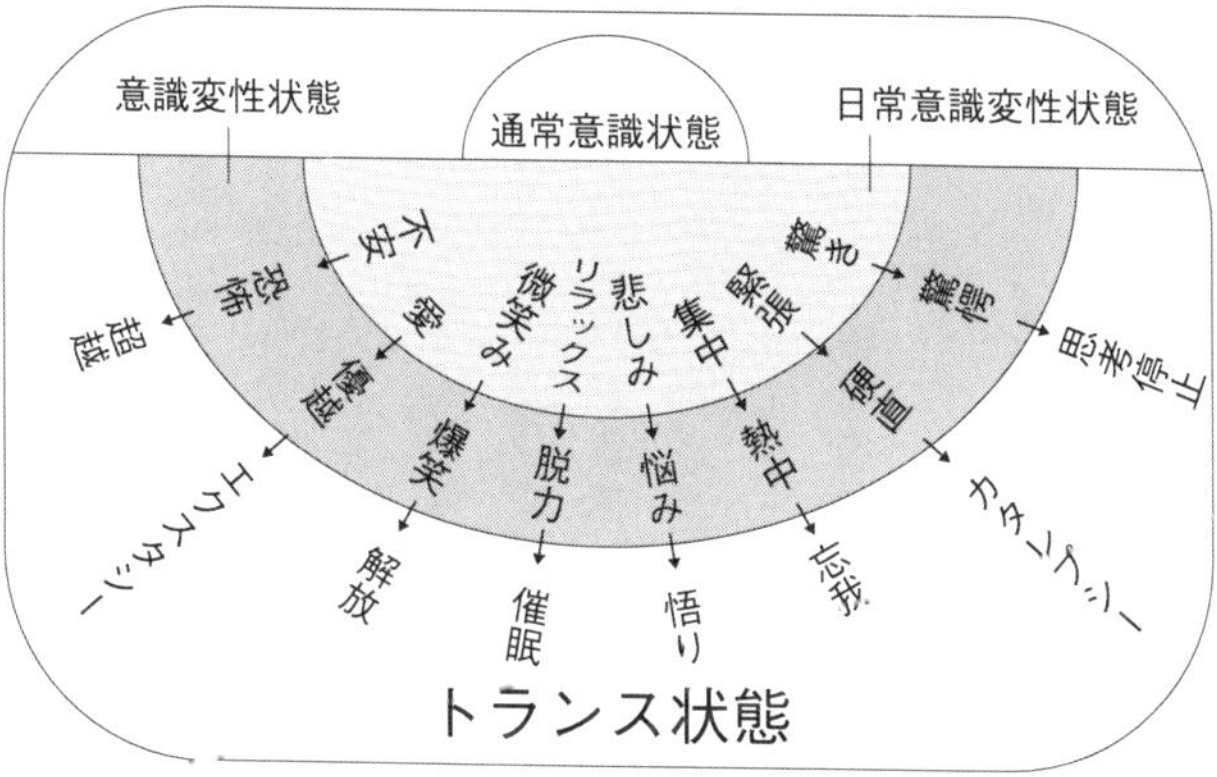

よく催眠状態とトランス状態を混同している人がいますが、催眠状態というのは数あるトランス状態の中のひとつでしかありません。普段の意識状態から移動した状態を日常意識変性状態と言って軽いトランスとみなします。日常意識変性状態からさらに先へ進むと意識変性状態になります。これがいわゆる『トランス状態』です。

何かに夢中になっているときも軽いトランスじです。この夢中が熱中に変わり忘我の境地にたつと、もう立派なトランス状態です。SEXの延長線上にもエクスタシーというトランスがありますね。悩んでいるときもそうですし、何かに驚いて、思考も行動も一時的にストップしているときもそうです。

他にもたくさんありますが、リラックスから弛緩に変わり、睡眠状態に近いぐらい脱力した状態だけがトランス状態の中の催眠状態というのです。だから少しでもトランスに入ると力が抜ける暗示を入れるのは基本中の基本なのです。この力の抜けた状態が一番、潜在意識を活発にしてくれる。

催眠術師が「全身が一枚の板のように硬くなりました」と暗示して被験者の身体を二つの椅子に橋渡しして、その上に人が二人も三人も乗るというような光景を目にしたことはありませんか？　催眠特有のヒューマンブリッジというやつですね。これを観覧している人は、ほとんどの人が催眠だと思うでしょう。

しかしこれは硬直性のトランスであって暗示にかかっているだけです。催眠は暗示を必要としますが、暗示と催眠は別なのです。

人を催眠状態にするために『被暗示性』（暗示の受け入れやすさ）を高めるという作業があります。普通の状態の人に「あなたは眠くなる」と言っても、たぶん眠くならないでしょう。それが被暗示性の高まっている人や、もともと被暗示性の高い人に「眠くなる」と繰り返せば本当に眠くなって催眠状態に入っていきます。つまり催眠術師が硬直性のトランスを利用するのは被暗示性を高めるためと、より一層、力を抜いてもらうための通過点でしかないのです。

◎被暗示性………暗示の受けとり方は人によって違う

催眠術に興味を持ち、私のところへやってきた女性がいました。この女性はかかったことが嬉しくて、家に帰ってご主人に一部始終を話したとのことです。すると、ご主人から「お前、バカだからかかるんだよ！　お前は単純だからな！」と言われたらしいのです。

しかし催眠術は単純な人がかかることはあってもバカがかかることはありません。最低でも暗示を理解するだけの知識は必要なわけです。

逆に催眠関係の書物には決まって〝知能の高い人ほど良くかかる〟と書いてありますが、知能が高いからといってかかりやすいわけでもないのです。催眠術のかかりやすさは術者が与えた暗示をどの程度受け入れるか、どんなふうに受け入れるかが問題なのです。

ここで催眠のかかりやすさに極めて関係の深い『被暗示性』について説明しましょう。

この被暗示性は3種類に分けることができます。

普段、日常生活の中で簡単な嘘にひっかかったり騙されやすい人は『第一次被暗示性』というものが高く、俗に言う単純な人です。

この第一次被暗示性が高い人には、誰でも起こる現象をいかにも術者の暗示によって起きたように思わせることで瞬間的に導入することが可能です。

たとえば被験者に目を閉じてもらい、術者は被験者の額の真ん中に指を当てます。そして額に当てた指を、目を閉じたまま見るように命じ、「もう目を開けることはできない！」と暗示するのです。眼球を上に向けたまま目を開けるのは難しいため、目が開けられる人はほとんどいません。無理やり開けると白目になってしまいます。このとき術者の暗示によって目が開かなくなったと信じた被験者は、被暗示性がグンと高まり、次々と催眠的暗示が入るようになるのです。

次に、『第二次被暗示性』が高い人は無意識の学習能力が優れている人で、おもに流れ作業のような単純な作業を覚えるのが早い人が多いようです。この第二次被暗示性が高い人には条件反射を利用した誘導法が向いていますが、条件反射については後で説明することにしましょう。

そして『第三次被暗示性』というのもあり、集団での活動になると活発になる人はこの第三次被暗示性が高い人ですから、一対一の催眠面接より、大勢の人が一度にかかる集団催眠の方が向いています。

◎思考の4つのパターン……相手のタイプを見分けて暗示を選ぶ

暗示とは暗にほのめかすことです。つまり暗にほのめかすだけで相手の観念にこちらの意図するものを抱かせる技術なのです。その観念に基づき、相手が考え方を変えたり、こちらの意図する行動を自ら進んで行なったとしたら暗示としては大成功です。

人間が理性的な脳と本能的な脳をもっていることは誰でも知っていますが、どちらの脳を優先的に使っているかは人によって異なります。これは催眠誘導の際、とても重要なことなので、わかりやすく思考の性質を4つのパターンに分けて説明しておきましょう。

まず、ものごとを理性的な脳で受け取り理性的な脳で表現するAタイプ、その次に本能的な脳で受け取り本能的な脳で表現するBタイプ、そして理性的な脳で受け取り本能的な脳で表現するCタイプ、最後に本能的な脳で受け取り理性的な脳で表現するDタイプがあります。

BとDは暗示を言葉通りに受け取るため、直接的な暗示によく反応しますが、AとCは「その言葉に何の意味があるんだろう?」と考える人ですから、間接的な暗示を用いる必要があるでしょう。

ちなみにDタイプの人は暗示によく反応しているにも関わらず、「私はかかっていない」とか「なぜこうなるのか？」と自分の知識の中で解決しようと、理論を求める人が多いようです。

タイプの見分け方としては、手の指を組ませたり、腕を組ませて、どちらの腕が上に来るかで判断する方法もありますが、ボディーコンタクトより相手との会話の中で探すほうが自然ですから、自分の放った言葉を相手が素直に受け取っているか、変則的に受け取っているかで判断して暗示を選んでください。

◎直接暗示と間接暗示……力があるのはどっち？

さて、暗示の説明に入りましょう。まず暗示の中に直接的な言葉が含まれているものを『直接暗示』と言い、直接的な言葉が含まれていないものを『間接暗示』と言います。

催眠状態が深くなってくると思考が制止するため、暗示を文字通りに受け取りますが、被験者が覚醒状態に近いときや覚醒状態のときには、主に理性的な脳が働いているので、タイプを問わず間接暗示を用いるほうが失敗を少なくできます。特にAタイプとCタイプに対しては巧みな心理誘導が必要です。

それでは直接暗示と間接暗示をわかりやすく説明しましょう。

もし誰かに〝お〟という観念を浮かべてもらいたいとします。直接暗示では「これからあなたの頭に〝お〟という観念が浮かんできます」と言えば相手によほどの抵抗がない限り〝お〟を浮かべるでしょう。しかしA、Cタイプの人は脳の構成上、暗示を受け入れる前に意味を解釈しようとします。特に自己主張の強い人は暗示に反発してしまいます。

私が〝お〟という観念を浮かべてもらいたいとしたら、相手に向っておもむろに「あ・い・う・え……」と言って止めるでしょうね。この方が相手に考える暇を与えることなく浮かんでくるのです。

術者が外から投げかける暗示を『直接暗示』、被験者の内側から湧き上がってくるように操作する暗示を『間接暗示』と覚えておくといいかもしれません。

この間接暗示も上達してくると、相手に暗示をかけたことを悟られず、自分の考えのように思わせることもできるようになってきます。自分の考えなので暗示の持続性も長くなるのです。

◎ダブルバインド……相手に選択させながらゴールにたどり着かせる

間接暗示のように、相手に気づかれないように心理を誘導するには、いくつかのテクニックがあるので紹介しておきましょう。

まず、相手の選択肢の枠を極端に狭くして選ばせる『二者択一法』というのがあります。

たとえば女性を旅行に誘うとしたら、

「人間関係っていろいろあってストレス溜まるよねー?」

「そーそー、会社でもなんであんなに自己中心的なのがいっぱいいるのか不思議!」

「都会にいるとみんな自分を守るのに必死だからね、たまには息抜きも必要なんじゃない?」

「息抜きですか~?」

「そーそー、たまには都会から離れることだよ」

「旅行?」

「ストレス解消にはそれが一番かな？　旅行と言えば熱海か伊豆だけど○○ちゃんはどっちが好き？」

「どちらかと言えば熱海かな？」

「熱海か～？　車と電車だとどっちが楽かな？」

「私は車だな～、何時間乗ってても疲れないもん！」

「そうだよね、自由がきくからね。出かけるとしたら金曜の夜？　土曜の朝？」

「やっぱり金曜でしょ！」

「じゃー今度の金曜、熱海まで行って見る？」


このような会話が二者択一法の典型的な例です。旅行に行くか行かないかという迷いをどこへ行くか、何で行くか、いつ行くかという迷いに変えるのです。そのうえ場所も交通手段も日時も自分が選んだために、この旅行をつまらなかったという思いは出てこない。これが心理誘導で有名な『ダブルバインド』というテクニックです。

催眠誘導の場面では、

「椅子に座ってかかるのと、横になってかかるの、どちらがいいですか？」

と聞けば、どちらが潜在意識に浮かぶにしても、一度、自分がかかっているところをイメージしないと答えは出てきません。

つまり催眠にかかるためのイメージトレーニングをしたわけで、催眠にかかるための練習をしたことになるのです。催眠にかかるためのイメージトレーニングも一度より二度、二度より三度といったほうが強力になることは言うまでもありません。

「すばやく催眠状態になるのと、ゆっくり催眠状態になるの、どっちがいいですか？」

「最初は浅い催眠と深い催眠のどちらがいいですか？」

というように、かかることを前提として相手の潜在意識に浮かぶようにすると誘導が容易になるのです。

◎イエスセット……心に条件反射を作る惰性形成法

その他、相手が必ず「イエス」という質問を連発して精神的な条件反射を形成する方法も有名です。たとえば女性と夜の海を見ているとします。ここでは今現在、現実に起きている事実を話すのがポイントです。

「夜でも波って見えるんだね」
「そうだね」(イエス)
「夜だから波の音がよく響くね」
「うん」(イエス)
「砂浜の砂も夜は湿りがちなんだね」
「そうだね」(イエス)
「少し疲れたね」
「うん」(イエス)
「どこかで休んで行こうか?」

この会話のようにいつでもうまくいくとは限りませんが、相手が何度もイエスを繰り返す質問を繰り返していると最後には惰性でイエスが潜在意識に浮かぶのです。これが『イエスセット』という心理誘導ですが、逆に「ノー」を連発させる『ノーセット』というのもあり、相手に「ノー」と言わせたいときに使います。

催眠誘導で使う場合、初心者の方には難しく感じるみたいなので簡単な方法をお教えします。いちばん簡単な方法は相手の言葉を利用すればいいのです。

「あなたは催眠を体験したことがないと言いましたよね？」
「はい」（イエス）
「催眠を目の前で見たことがないんですよね？」
「はい」（イエス）
「かかったらどうなるのか想像もつかないと言いましたよね？」
「はい」（イエス）
「気持ちを私に委ねると簡単にかかることも知っていますよね？」

この最後の一行が私の意図することです。これで相手の中で何が起こるか、だいたいの想像はつくと思います。

◎メタファー………同化しているものを利用する隠喩法《いんゆほう》

ある主婦が、部屋の壁紙を張り替えるために業者を呼びました。その業者が古い壁紙をはがすところを見ていた主婦は、性的な興奮を覚えたそうです。

ある主婦のグループが料理学校に通っています。その料理学校の先生は、それほど若いわけでもなく、二枚目とも思えない。それでも、この主婦たちは料理学校の先生に夢中です。先生が目の前でステーキを焼いたり、フライパンを巧みに操るしぐさがたまらないという。

この2つの例は潜在意識の性質であり、誰にでも起こることです。潜在意識はものごとに対し、自分を同化してイメージする習性を持っているのです。この性質を利用すれば相手の潜在意識に催眠的暗示を入れることも可能です。

たとえば、相手と何か会話をしながら飲み物を飲んでいたとします。そこで相手の口を見ながら自分が飲んでいるコップの縁をなぞるようにゆっくりと回す。相手が「それ、何やってるんですか?」と聞いてきたら、「気にしないでください」と言ってさらに潜在意

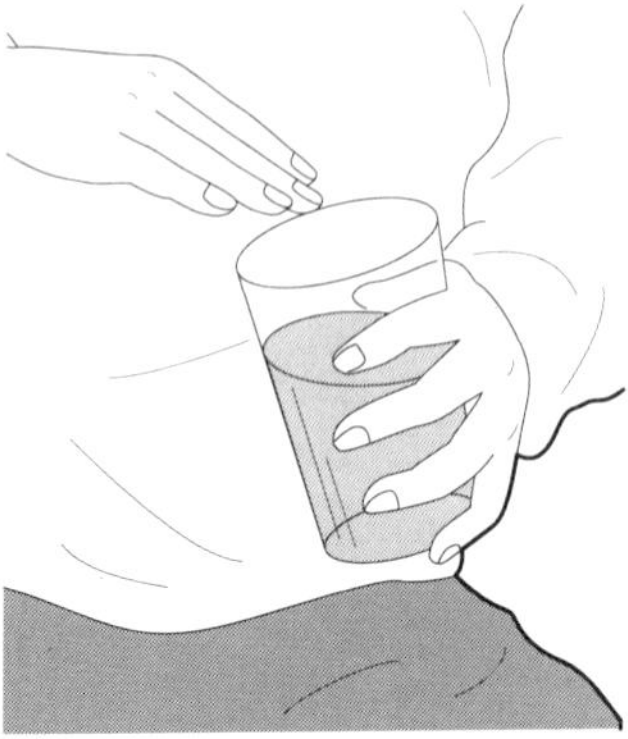

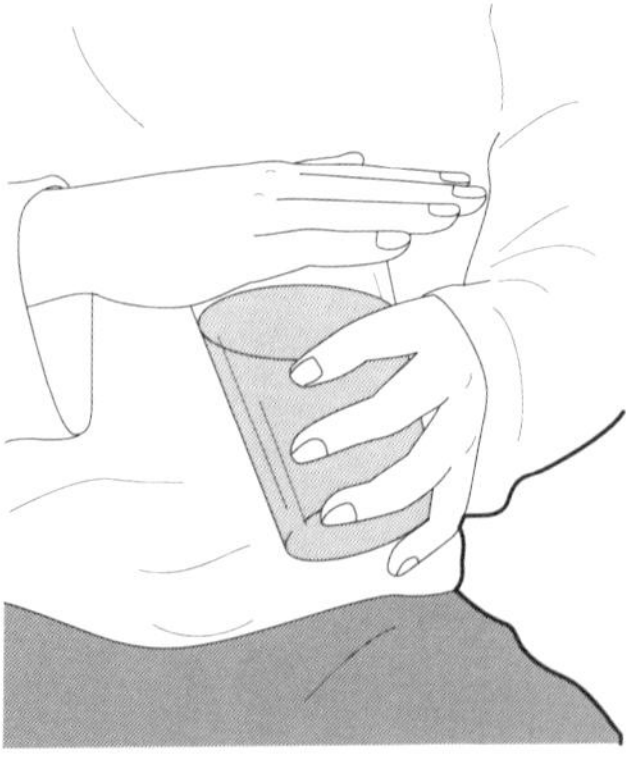

識を引きつける。そのままコップの縁をなぞりながら会話を続け、「ホントに、それ何やってるんですか?」と、もう一度聞いてきたら「これ、あなたの口です」と言って、コップの縁をなぞっていた手でフタをする。

そして、相手の動きが止まったり、目が少しでも大きくなるような微妙な変化が見て取れたら、すかさず「名前は?」と聞いてみてください。相手は声を出すことができないでしょう。

◎アナロジー……防衛本能を起こさせない類推法

先に、潜在意識はものごとに対し、自分を同化してイメージすると言いました。これは誰かから、「きのうタンスの角に足の小指をぶつけてね……」という話を聞くと自分も顔がゆがんだりすることから理解してもらえると思います。今度は、こうした『類推法』を利用して催眠に入るまでの道筋を作り、誘導を容易にする方法です。

「催眠にかかると、どんな感じになるんですか?」

「人それぞれ違いますが、この前の人は、身体の力が自分ではどうにもならないぐらい抜けて、気持ち良かったと言っていましたよ。それから催眠を解いた後に、面白いことを言っていましたね。『人間はいつも何か考えているんですね、普段は気がつかないけど、催眠にかかると何も考えたくなくなるから、そのことがよくわかる』というのです」

ここでは、あえて他人の経験を話すことに意味があります。なぜなら、初めて催眠に入るときは多少なりとも不安があり、暗示に対して防御本能が働いてしまいます。それが他人の話をすることによって自分を防御する必要がなくなるのです。たとえ他人の経験とは言え、潜在意識は勝手に自分を同化してイメージするのだから、こちらの意図するものは潜在意識の中で構成されていくのです。

◎イエスバット……一緒に歩いて歩行を止める意識力低下法

それから『イエスバット法』というのも有名です。相手の考えが間違っていると思っても「それは間違ってる!」と主張するのではなく、「その通りです(イエス)……、でもね(バット)」というように、一度相手の意見に同調してから自分の意図するものを主張するのです。

このイエスバット法は自殺志願の相談を受けたときに不可欠な話法です。最近、リストカットなどという言葉と共に自殺志願の人が増えていますが、この人たちの無意識の奥では、生きたいという心理が強く働いているのです。もし意識も無意識も同じように死にたいと思っていたら、他人に相談することなくもう死んでいます。このように意識と無意識が正反対のことを主張するのは珍しいことではありません。

ですから、この人たちに「死んでどうするの！　バカな考えはやめなさい！」と言っても意識の力が反発して、よけいに「死にたい」と言い出すでしょう。こういった場合、死にたい死にたいという意識の力を弱めないといけない。意識の力を弱めるには意識に同調することです。

「そんなに辛いことがあったのなら死にたいと思うのも無理もないですね……同じ死ぬにしても楽なほうがいいだろうし、死んだ後は誰に顔を見られるかわからないから、綺麗なまま死ぬ方法を考えないとね……」というように、一度、相手の意見に合わせないと話は始まらない。意識は同調されると力が弱くなっていくのです。

◎条件反射……具体的な技法はここから始まる

催眠は暗示で始まり暗示で終わります。そして暗示は『条件反射』から始まるのです。

私が催眠術を教えるときに「催眠術が上手になりたければ催眠の本を読みあさるより、

パブロフの犬について勉強しなさい」と必ず言います。少なくても私の催眠術はこの条件反射をとても重要視しています。

ここで条件反射について説明しますが、条件反射を説明するのにパブロフを避けては通れません。

その昔、パブロフという学者は犬にエサを与える前に必ずベルの音を聞かせました。ベルを鳴らしては餌を与え、またベルを鳴らしては餌を与えるという行動を繰り返したのです。すると犬はベルの音を聞くだけで唾液を流すようになりました。これを条件反射と言います。エサを与える前にベルを鳴らすのが条件づけで、ベルの音を聞いただけで唾液を流すのが条件反射です。

このパブロフの条件反射は、そっくりそのまま人間にも適用できるのです。

まず椅子に腰掛けた被験者の頭をもって、「ハイっ」と言ってゆっくり後ろへ倒してください。

最後まで倒れたら被験者の頭を元の位置に戻して、また「ハイっ」と言って被験者の頭を後ろへ倒す。この一連の行動を何回も繰り返していると、頭が抵抗なく倒れるようになってきます。そしたら被験者の頭から手を離し、「ハイっ!」とだけ言ってください。被

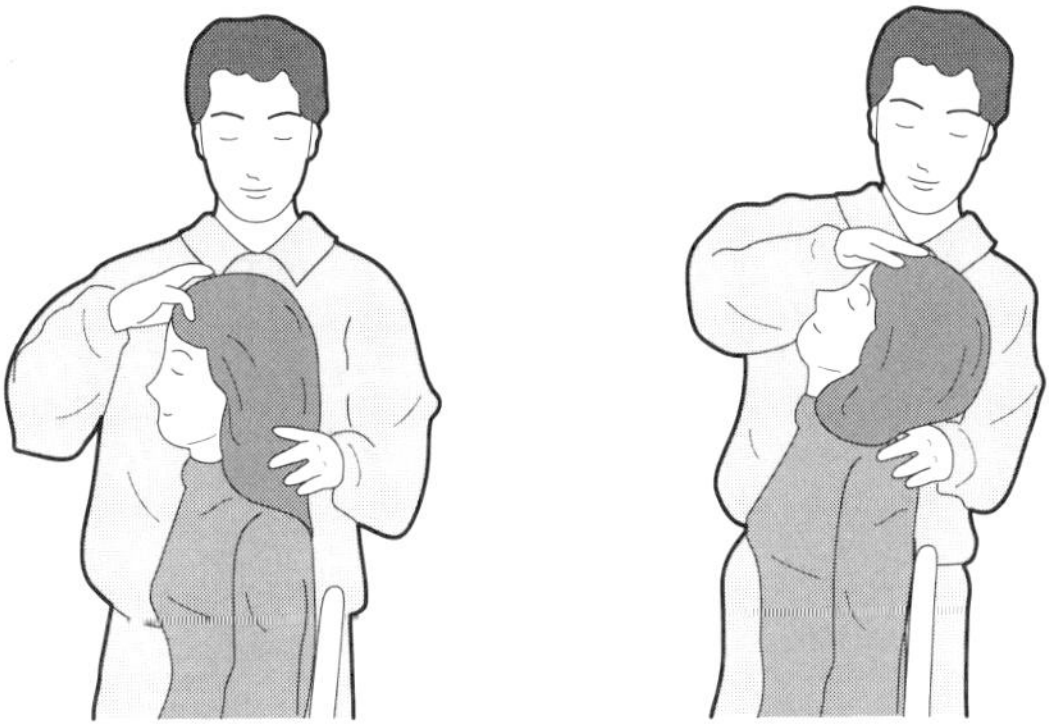

験者の頭は自然に倒れるはずです。
被験者の頭をもって「ハイっ」と言って頭を倒すのが条件づけで、「ハイっ」と言うだけで頭が倒れるのが条件反射です。
前出の例で〝お〟を浮かべた話を紹介しましたが、催眠術師になって「あ・い・う・え……」と言って相手が〝お〟を浮かべなかったとしても、「この人はかかりにくい人だ」とあきらめてはいけません。時間をかけて50音を教えてあげればいいのです。つまり条件反射が形成されていないのなら時間をかけて条件づけをしていけばいいのです。これが、私が「催眠術は無意識に対する教育だ」と主張するゆえんです。催眠術師は無意識に対する教育者です。
教育する相手は無意識であるため、意識に気づかれないようにしないといけません。この私の言う教育

（条件づけ）をいかに意識に気づかれないようにするかで催眠術のうまい下手が決まってくるのです。

◎刺激の般化……深い催眠まで誘導していく基本的セオリー

先に述べた条件反射には『刺激の般化《はんか》』という法則があります。たとえば胸の前で合掌している被験者に対して、「私がハイって言ったらこんなふうに手が開いていきますよ」と言いながら被験者の手をもって肩幅ぐらいまでゆっくり開いていきます。

これが1回目の条件づけです。

そしてまた合掌のポーズに戻したら、「もう少し肩の力を抜いて」と言って肩の力が抜けていることを確かめているかのように、もう一度、被験者の手を肩幅ぐらいまで開いていきます。これが2回目の条件づけです。

そしてまた合掌のポーズに戻して「指先の力も抜いていいですよ」と言って、また力の抜け具合を確かめるかのように被験者の手を肩幅ぐらいまで開きます。これで3回目の条件づけが終わりました。

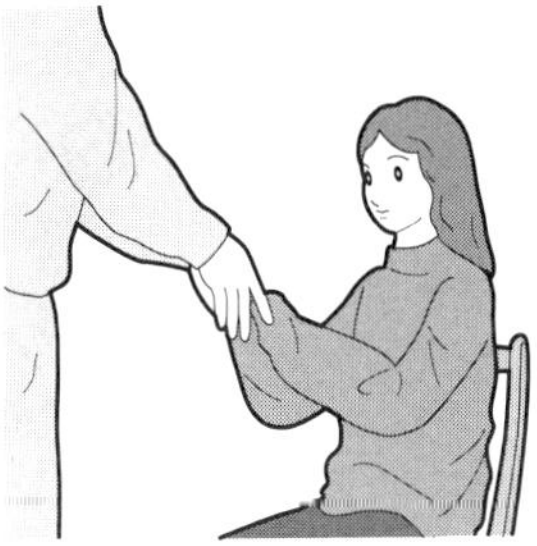

そこで「私がハイって言ったら手が開いていきます」ともう一度断言したら、被験者の手からサッと手を離して「ハイっ！　手が開いていきます！　どんどん開いていく！　少しでも開くとますます開きます！　もっと開く！　もっともっと開いていく……」と続けるのです。被験者に条件反射が形成されていれば必ず手は開いてきます。

被験者の手が肩幅ぐらいまで開いてきたら、「そこで止まります」と言えば手は止まるでしょう。暗示通りに手が止まったら今度は被験者の手のひらを顔のほうに向けて、「この手は顔に近づいていきます」と言って軽く手を押して惰性をつけてやれば手は顔に近づいていきます。

被験者の手に条件づけしたのは平行に動くというものでした。しかし被験者の両手が顔に向かって動いた

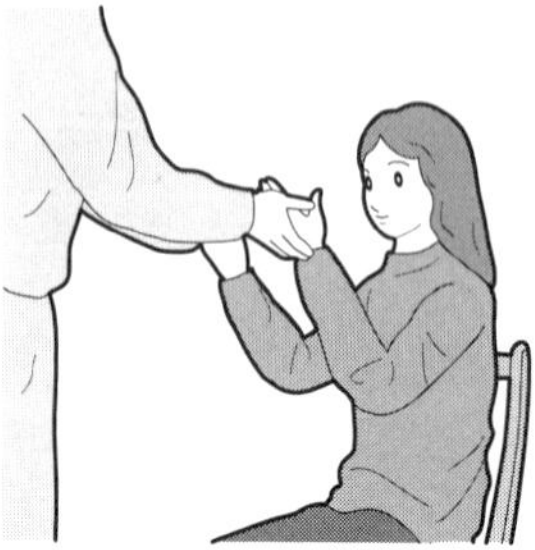

ということは、条件づけが少しだけ〝般化〟してななめに動いたのです。このように条件反射を形成したら少しずつ般化させていく、そして簡単な暗示から難しい暗示へと誘導していくのが深い催眠まで誘導していく基本的なセオリーです。

ですから手が開く暗示に反応したからといって、いきなり「あなたの目の前に好きな人が見えてきます」というような難しい暗示を与えるのは無理があります。しかし、少しずつなら違った刺激でも反応するものです。パブロフの犬もかけ離れたベルの音には反応しなくても似たようなベルの音には反応したのです。

この刺激の般化は日常生活の中でもよく見かけます。たとえば貧乏揺すりをする子供がいたとします。

母親は、その子供に向かって「貧乏揺すりは、みっともないからやめなさい！」と言います。子供はやめますが、しばらくして気がゆるむと、また貧乏揺すりを始めます。今度は、母親が子供を睨んで「足！」というだけで子供はやめます。それでも、また気がゆるんでくると子供は貧乏揺すりを始めます。そして今度は、貧乏揺すりをしている足を睨み付けるだけで子供は貧乏揺すりをやめます。

このように、母親は睨むというしぐさだけで子供が反応するように条件づけと刺激の般化を教育したわけです。そして子供は母親から条件づけと刺激の般化を学んだのです。

◎誘導暗示………予告し試みて追い討ちをかけるテクニック

催眠誘導に慣れてくれば暗示の与え方にも応用がきくようになりますが、まずは基本を守ってください。

誘導暗示のもっとも基本的なものに、『前暗示』『刺激』『追い込み暗示』という組み合わせがワンセットになったテクニックがあります。

たとえば直立で立っている被験者に対して、「私がハイって言ったら、あなたの身体は後ろへ倒れていきます」と前暗示をしたら「ハイっ」と言って刺激を与え、「すーっと倒れていく、どんどん倒れていく」と追い込み暗示を続けるのが誘導暗示の基本でもあり、秘訣でもあるのです。

前暗示は文字通り、これから起こることを予言するわけですが、重要なのは刺激を与えるタイミングです。催眠は間が命と言われるほどタイミングが重要視されています。

なぜなら前暗示を与えた直後に刺激を与えるわけですが、刺激のタイミングが遅すぎると、一度、被験者の脳に入った前暗示に対して「そんなはずはない!」という批判が起こるのです。刺激はこの批判が起こる前に与えないといけない。しかしこのタイミングが早すぎると前暗示が被験者の脳に入りきる前に刺激を与えてしまうことになり、暗示が不十分ということになるのです。

このタイミングも慣れてきたら相手のリズムに合わせてやることもできるようになってきます。だいたい話すスピードが早い相手には少し早めのタイミングで刺激を与え、ゆっくり話をする相手に対しては、ゆっくりと暗示を与え、刺激のタイミングも少し間を開けてやるというように余裕が出てきます。

そして、次に重要なのが追い込み暗示です。人によって個人差があり、潜在意識が近くにある人と遠くにある人がいます。潜在意識が近くにある人は追い込み暗示がなくても反応してくれますが、潜在意識が遠くにある人は大きな声で暗示を与えても、高い声で暗示を与えても無駄です。

ですから、潜在意識が遠くにある人は同じ意味の暗示を何度も繰り返さないといけないのです。「2、3回、言ってみたけど反応しないからあきらめる」では、極めて成功率の低い催眠術師にしかなれません。

前暗示は分かりやすくハッキリと、刺激はタイミングよく大きな声で、追い込み暗示は粘り強く繰り返す——これも誘導暗示の重要な基本です。

◎つなぎの言葉……暗示と暗示をつなげるトランジションの効果

それから誘導暗示の基本としてもうひとつ大切なのが『つなぎの言葉』です。「……すると」「……したら」「……そして」というようなつなぎの言葉（暗示）が誘導をスムーズにします。たとえば「あなたは白いソファーに座っています。呼吸がゆっくりになってきます」と言うよりは、「その白いソファーに座っているし、呼吸がだんだんゆっくりになってきます」と言うようにほのめかしたほうが暗示的にも力があるし、誘導もスムーズになります。白いソファーに座っていることと、呼吸がゆっくりになることは何の関係もありません。それが「……していると」というような、つなぎの言葉を使うことによって白いソファーに座っているのだから、呼吸がゆっくりになるのが当たり前のように聞こえるのです。

それでは、一点を見つめさせる『凝視法』を例にあげて説明しますので参考にしてください。

「私の目を見てください。もう絶対に目をそらさないで……そのまま見ていると、だんだん瞼が重くなってきます。どんどん重くなってくる。……そして瞼がだんだんと下がってきます。どんどん下がってくる。……そして瞼は閉じてしまう。瞼が閉じてしまったら、もう開けることはできません。瞼が開かなくなったら、今度は頭が前に落ちていきます。頭が前に倒れていく。どんどん倒れていく……頭が前に倒れてしまうと、体の力が抜けていきます。力がどんどん抜けていく。体中の筋肉がどんどんほぐれていく。体中の力がどんどん抜けていく……もう自分ではどうすることもできません……」という具合に誘導を進めてください。

◎禁止暗示……有効なタイミングとは

普段自由になる行動や観念が自由にならなくなったとき、人間は強いストレスを感じ、トランス状態に入ってしまいます。これは人間だけでなく動物も同じです。背中を上にして生きている動物を仰向けにして、しばらくそのままにしておくと動かなくなります。催眠誘導のときもこの理論を利用して意図的に行為を禁止し、被暗示性を高めるのです。

たとえば「顔についた手は絶対に離れません！」と強く言うと、手の筋肉が硬直して離れなくなります。このような硬直性のトランスを催眠では『カタレプシー』と言いますが、禁止暗示はトランスを誘発する場合もあれば、トランスを深めるときにも役に立ちます。

ここで少し『禁止暗示』をかけるときのコツをお教えしましょう。手に禁止暗示をかけるときは「手が動く」という暗示の直後がもっとも成功率が高いときです。瞼に禁止暗示をかけるときは閉眼暗示（眼が閉じるという暗示）の直後がいいのです。

たとえば「瞼から力が抜けてだんだん下がってきます。どんどん下がってくる……そして瞼は閉じてしまう。瞼が閉じてしまったら開けることはできません。もう瞼は硬く、くっついてしまいました。開けてみてください……絶対に開けることはできません！」という具合です。もちろん瞼が閉じた瞬間に他の部分、たとえば「おしりが椅子にくっつきました！　もう立てません！」と言ってもいいのですが、瞼に禁止暗示をかけるときは瞼が閉じた瞬間が一番成功率が高いのです。なぜなら、いま、暗示にもっとも反応しているのは瞼だからです。

禁止暗示の与え方としては、指示を暗示で挟むことです。たとえば「あなたは歩くことができません」と暗示をかけたら「歩いてみてください」と指示をして、被験者が歩こうとした瞬間に「絶対に歩けません！」とまた強く言うと、暗示が強化されます。

◎禁止暗示の注意……「解き忘れ」はトラブルのもと

暗示と催眠は別ですから、『禁止暗示』をかけたら必ず解かないといけません。催眠を解いたからといって暗示がすべて解けるわけではないのです。

たとえば被験者を催眠に誘導して、暗示の効き具合を確かめるために「お尻が椅子にくっつきました。もう立てません！」と禁止暗示をかけたとします。被験者はどんなに頑張っても立てません。このまま催眠を解いたら被験者から、「まだ腰が重いんですけど……」などと言われてトラブルの元になったりします。

催眠から覚ました後に暗示を解いてもいいのですが、暗示の解き忘れをなくすためにも、禁止暗示をかけたらすぐに解いて次へ進むといった癖をつけてください。

たとえば「椅子から立てない」と禁止暗示をかけたら、「3つ数えたらもう立ち上がることができますよ」と言って3つ数える。そして暗示を解除したら「立ってみてください」と言って被験者が立てることを確認してから、催眠から覚ましてください。

「足が床にくっつきました。もう歩けません」と禁止暗示をかけたら被験者の目の前で指を鳴らすなどの刺激を与え、「もう歩けますよ。歩いてみてください」と言って被験者が普段と同じように歩けることを確認してから次へ進むようにしてください。

◎威光暗示……存在自体が暗示に力を加える

暗示に力を加えるものに『威光暗示』があります。

名誉のある人やその道で有名な人の言葉は、一般の人の言葉より力を持っています。身近なたとえではお医者さんがいますよね。医者の言葉や態度は患者に絶大な影響を与えます。お腹の調子が悪くて病院へ行くと、医者が不安な顔をして「急いで精密検査をしてくれ」と看護婦に言いました。この一言で癌ノイローゼになった人を私は知っています。

催眠のときでも同じです。同じ暗示でも、名誉ある人からの暗示は被験者に与える影響が大きいのです。催眠技法は身に付けていても成功率はきわめて低い、そんな催眠初心者でも、「催眠術の大先生です」と紹介されると被験者が次々にかかっていくという話は有名です。催眠術ショーをするときに「史上最強の催眠術師です」と紹介されて登場するのも催眠療法士が白衣を着ているのも、この威光暗示形成のためです。

私も中程度の催眠にしか誘導できなかった友人がいましたが、私が一度テレビに出演すると、いきなり幻覚が発生するほどの深い催眠まで誘導できた経験があります。友人の無意識が、私の催眠術師としての威光を認めてくれたんですね。

ただ、ここでは威光も暗示になるということを説明しているだけで、初心者の方に威光暗示を求めるのは無理な話です。それに威光がなくても催眠はできます。誰でも最初は名誉などないのだから嘘までついて威光を作る必要もないのです。なによりも大切なのは責任を持つといった態度です。このしっかりとした態度が将来の威光を生むのです。

◎瞬間催眠術………心理作用を利用する認識効果

催眠術をかけるときに重要なのは相手の無意識に催眠術師として認めてもらうことです。相手の意識が認めてもダメです。いくら「私は催眠には自信があるから安心してかかりなさい」とか「偉い先生から習ったから心配ないですよ」と言っても相手の無意識が納得しなければそれはただの説得にすぎない。無意識が認めてはじめて相手は納得するのです。そのためにたくさん勉強して、どんな質問にも的確に答えられるようにするのも大切なことです。

この認識効果は催眠誘導の際、ときおり瞬間的に相手を催眠状態に導いてくれることがあります。

たとえば被験者に「あなたの手は額にくっついて離れません」と暗示をかけて、被験者の手が離れなくなったとします。このとき被験者に認識が起きなければ、ただ手が取れなくなったというだけで終わってしまいます。しかし手が取れなくなった瞬間、被験者に認識が起きれば、一気に深い催眠状態に落ちていきます。『即効導入』とか『瞬間催眠術』

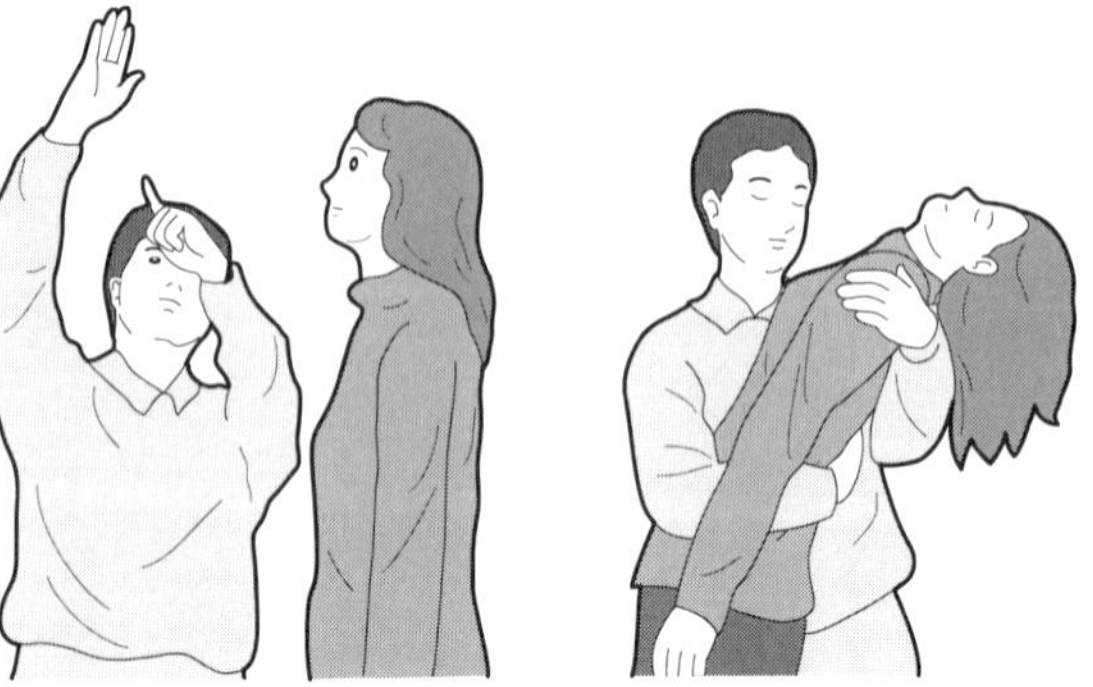

というのは、この認識効果をうまく利用して、手際よく行ないます。

ひとつ例をあげると、まず被験者に足を揃えて直立で立ってもらいます。術者は被験者の目の前に手をかざし「私がハイっていったら目を閉じてください。そして次にハイっていったら、あなたは催眠術にかかって身体が後ろへ倒れてきます……ハイっ！」と言って、即座に被験者の後ろへ回り、もう一度、「ハイっ！」と言います。被験者の身体が倒れてきたらケガをしない程度に床まで倒してやれば、少ない確率ですが催眠状態になります。

この方法は速やかに行なう必要があるので、初心者には難しいかもしれませんが、短い時間の中に効率の高い要素がたくさん含まれているのです。

人間はひとつ頼みごとを聞いたあとは、それに似た頼みごとは、なかなか断れないという心理が働きます。ハイっを2回言うのはこの心理を利用して暗示に反応しやすくしているんですね。そして被験者の身体が倒れてくると、術者が前もって「あなたは催眠術にかかって身体が後ろに倒れてくる」と言ってあるので、少しでも身体が倒れてくると被験者の無意識に「あっ！　催眠術にかかった！」という認識が起こる可能性は十分にあります。

そのうえ立ったまま後ろに倒れてくるということは、大脳に大きく加速度がつくため思考が制止して催眠状態が安定するのです。

ちなみに、全体の45％は深い催眠状態に入り、75％の人は中程度、95％が軽催眠に入ると言われています。もし、ここに述べた要素を満たしているにもかかわらず、かかる確率が極めて低い場合は、予期作用に問題があるかもしれません。

◎予期作用………事前にどういう観念を作っておくか

催眠術にかかった人から感想を聞いてみると、次のような様々な答えが返ってきます。

「水に浮かんでいる感じがして、気持ち良かった」

「全身の力が抜けて、何も考えたくなくなった」

「うたた寝をしているみたいで、気持ち良かった」

このように様々な感想が出てくるのは、そのひと個人の感じ方や表現力の違い、そして催眠状態の深さにも関係があるのですが、なによりも『予期作用』というのが大きく影響しているのです。被験者の観念に「催眠にかかったら両手がしびれる」という思いがあると、被験者を催眠にかけるだけで両手はしびれてきます。これが予期作用です。その人が抱いている観念はトランス状態に大きく影響するのです。

何年も前のことですが、同業者から催眠療法について相談を受けたことがあります。その方は「クライアントに催眠誘導を何回繰り返しても深い催眠に誘導できない」というのです。通常、催眠は回数を重ねるたびに深くなっていくものです。

そこで私は「催眠誘導の前にどんなやりとりをするのですか？」と聞いてみました。するとクライアントの不安をなくすために「催眠にかかってもリラックスするだけで、意識は変わりません」ということを強調するらしいのです。

催眠療法士の放った言葉がすべてクライアントの観念に届くとは限りませんが、この先生が信頼されていたとしたらクライアントの予期作用に大きく影響することは間違いありません。この先生の「催眠にかかってもリラックスするだけで、意識は変わりません」という誘導前の言葉が予期作用に影響を与えていたとしたら、深い催眠に誘導するのは不可能ですよね。

もし「催眠術にかかったら意識が半分無くなって、パラダイスにいるような気分になる」という観念が被験者の無意識に入っていたとしたら催眠にかけるまでの壁は高くなるかもしれない。しかしその壁を乗り越えると、そこには間違いなく深い催眠状態があるのです。そのため催眠誘導の前には被験者と話し合って、予期作用が間違っていたら修正する必要がありますし、予期作用が不十分だと思ったら少しずつ作っていかないといけない。それは催眠誘導を行ないながら作っていってもいいわけです。

よい催眠状態を作ろうと思ったら、シュルツ博士の自律訓練法の公式暗示を織り込んでいくことをお勧めします。

◎自律訓練法……催眠状態の見本的存在

この方法はドイツのJ・H・シュルツ博士が催眠を経験した被験者から催眠状態の感想

を聞き、そのデータを元に、術者なしで、自己暗示のみで催眠状態に入れるように考案した自己催眠法です。催眠状態の見本とも言えるこの方法は、健康法として世界中に知れ渡っています。

シュルツ博士の考案により6段階に分かれていて、自己催眠法として習得するには何ヶ月もかかるものですが、催眠誘導のときは被験者の被暗示性の高まりに合わせて暗示してもいいし、誘導の最後にまとめて暗示してもかまいません。

まず第1段階では重感暗示により筋肉を弛緩させていきます。自律訓練法では「右腕が重い」という公式暗示から始まって、「左腕が重い」―「右足が重い」―「左足が重い」という具合に、全身の筋肉を弛緩させていくのが標準になっています。順番にこだわる必要はなく、右腕―右足―左腕―左足でもいいわけです。しいて言うなら、普段よく使う筋肉から始めたほうが効果が早いため、右利きの人は右腕からはじめ、左利きの人は左腕からはじめるのがセオリーです。

次に第2段階では温感暗示により血行を良くしていくのですが、前の第1段階に付け足していくように暗示していきます。同じく「右腕が温かい」から始まって、「左腕が温かい」―「右足が温かい」―「左足が温かい」という具合です。時間は各部分に30秒ほどかけるといいでしょう。

次の第3段階では呼吸の調整を追加してください。第2段階までの暗示の後に、「とても楽に呼吸している。呼吸が静かに、ゆったりしている」と暗示を繰り返します。

第4段階では心臓の調整です。「心臓が規則正しく打っている」と暗示してください。

第5段階では「お腹が温かい」と暗示します。お腹の真ん中には、神経のかたまり、太《たい》陽神経叢《ようしんけいそう》があります。この太陽神経叢が温かく感じてきたらほとんどの人が気持ちの良い恍惚状態になります。

最後の第6段階では「額が涼しい」と暗示して頭寒足熱の状態を作っていきます。

ここまで良い催眠状態が完成すると血液が下に下がるため、身体は温かく、頭は涼しく、心は安定し、余計な思考は働きません。人間は必要以上に血液が頭に上ると不健康な状態になって不快になりますよね。ケンカなんかをしているときがそれです。

◎潜在意識……人が本来もっている驚異的力

催眠術のかけ方を学んでいくみなさんは、これから潜在意識に大きくかかわっていくこ

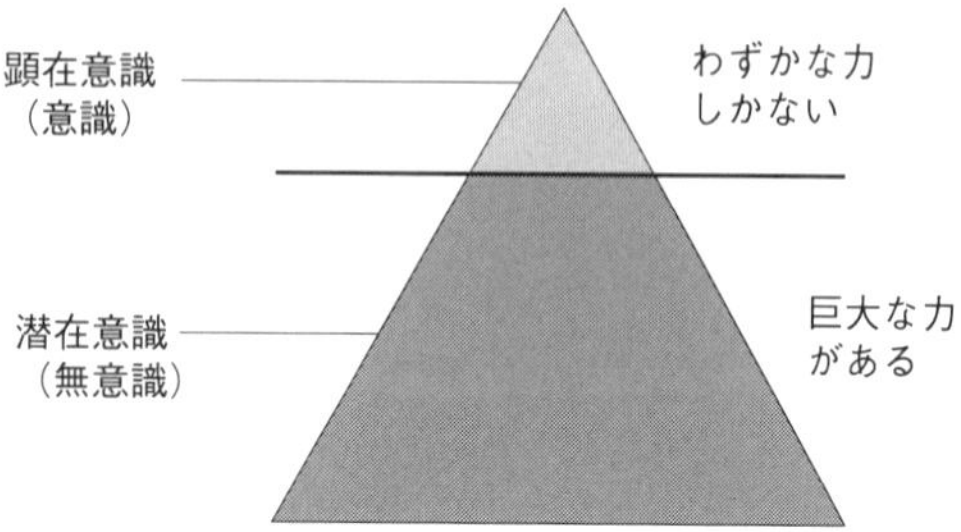

とでしょう。

人間のこころには自分で意識できる『顕在意識』と自分では意識できない『潜在意識』があります。一般ではこの顕在意識を意識と言い、潜在意識を無意識と言います。私たちが日常生活の中で何かを考えたり批判するのは意識の役目です。一方、悲しみや喜び、そして怒りのような喜怒哀楽を催すのは潜在意識の役目です。

この意識と無意識が上手に絡み合うことで、私たちは充実した日常生活を送ることができるのです。

人間は食料をとらずにいると死んでしまいます。そのため無意識は意識に定期的に（お腹が空いた）と信号を送り、ご飯を食べます。食料が必要だと教えてくれるのは無意識ですが、食事をとるのは意識です。

無意識は意識に比べて巨大な力をもっています。意識と無意識の比率を表すために精神分析の大家ジークムント・フロイトは氷山を用いて説明しています。水面上に浮かぶわずかな部分が意識の力で、水面下に沈む巨大な部分が無意識の力です。

今あなたが真っすぐに伸ばした腕を誰かが曲げようとしているとします。でもあなたは腕を曲げたくないと思う。その思いが意識のレベルなら腕は曲がってしまうでしょう。しかしその思いが無意識のレベルなら絶対に曲がりません。

私がはじめて催眠術を目の前で見たのは中学2年のときですが、ひとつ年上の小柄な女子が催眠術にかけられ、大人並みの身体をした男子と腕相撲をしました。このとき女子には「あなたは世界一のプロレスラーです」と暗示がかけられていました。男子は真っ赤な顔をして頑張りましたが、女子の圧倒的な勝利です。

念のために付け加えておきますが、ひとつ年上の女子は催眠術によって未知の力を吸収したのではありません。元々もっている力を催眠術によって引き出されただけのことです。普段、自分ではそんな力はないと思っていても、実際は誰もが驚くべき力を無意識の中にもっているのです。腰の曲がったおばあさんが、火事のときにタンスを抱えて運び出したという話は有名です。火事場のバカ力というやつですね。

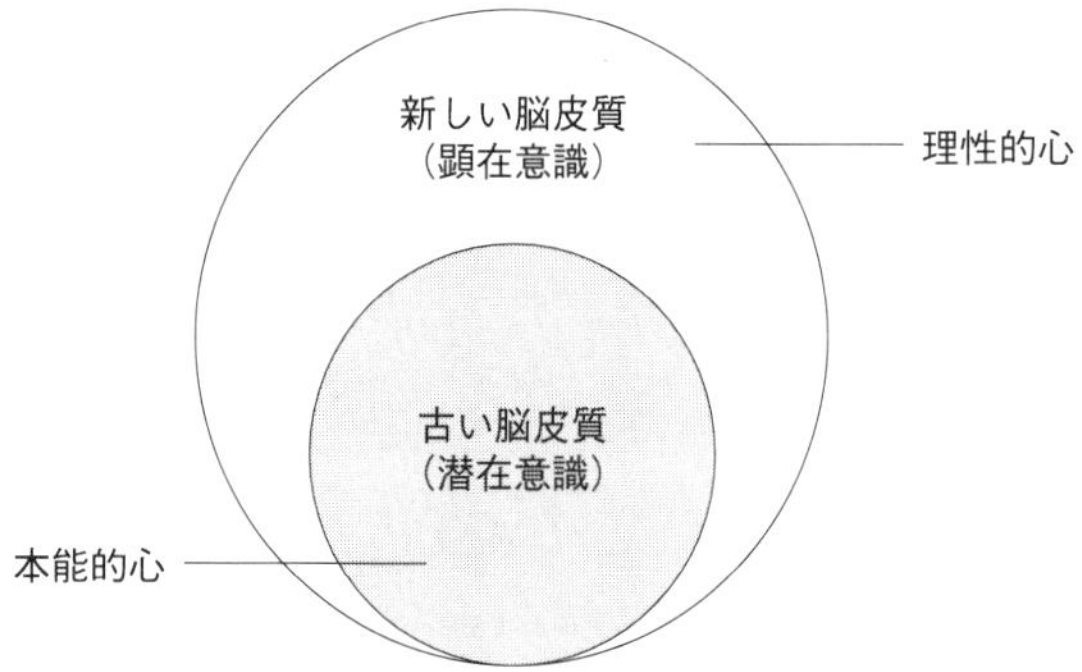

しかしこの巨大な力をもつ無意識には想像と現実に区別をつける能力もなく、社会的判断力もありません。レモンを食べるところを想像しただけで唾液が出るのはそのためです。一方、意識は物事に対し、社会的判断を下したり、想像と現実を区別してくれます。

この意識と無意識を大脳のしくみで見てみると、意識は新しい脳皮質にあたり、理性を司っています。たとえるなら大人のようなこころです。無意識は古い脳皮質にあたり、本能を司っています。たとえるなら子供のようなこころです。

新しい脳皮質は、思考、知覚、判断などの高度な役目をしています。古い脳皮質は、睡眠欲、食欲、性欲、集団欲などの本能的な部分や快楽といった精神活動のほか、生命レベルの防衛や記憶を保持しているのも古い脳皮質の役目です。

新しい脳皮質は古い皮質を包むような形で守っているのですが、この新しい脳皮質は単調なリズム刺激に弱く、ねばりがありません。催眠術師がメトロノームの音を聞かせながら暗示を入れたり、点滅するライトを凝視させて誘導していくのは単調なリズム刺激で意識の活動を弱めることを目的にしているのです。

◎催眠状態……過去に囚われず未来に怯えない心

催眠にかかっている人を端で見ていると、いかにも眠っているか、意識を失っているように見えます。しかし、眠っているのでも、意識を失っているわけでもありません。

催眠状態になると思考が静止して心が動かなくなります。覚醒状態にあるときは何か刺激があると、人の心はよく動きます。たとえば隣の部屋で赤ちゃんが泣いていたとします。すると「うるさいな〜」とか「誰かあやせばいいのに〜」など、赤ちゃんの声という刺激ひとつで心はたくさん動きます。それが催眠状態になると、ただ〝赤ちゃんの声が聞こえる〟というだけで心は動きません。

催眠療法に通う人が特別な暗示を受けないで、繰り返し催眠状態を経験するだけでストレスに強くなるのはそのためです。確かに他の要素もありますが、催眠状態という心身ともにリラックスした状態では、刺激を受けても心はすぐ元に戻ります。そのため、過去の苦い経験にとらわれず、未来の不安に怯えない、今を生きる心、そしてショックを受けてもすぐ元の場所に戻る心の状態に慣れてくるのです。

リラックスと言っても、一般の方が思うようなただのリラックスではありません。催眠でいうリラックスでは脳波の違いが顕著に出てきます。

人間の脳波には普段の意識状態で流れるベータ波と興奮したときに流れるガンマ波、そしてリラックスしているときに流れるアルファ波、眠っているときに流れるデルタ波とがありますが、催眠状態になるとアルファ波とデルタ波の間で流れるシータ波という脳波が流れるのです。この状態が恍惚状態と言って、とても気持ちの良い状態なのです。

身体的にも催眠状態になると血液が下に下がった状態になります。ただし貧血とは違います。貧血というのは血液の成分が足りない状態であって一種の病気ですが、催眠状態になると余計な思考が働かないために脳は血液をそれほど必要としなくなるのです。

催眠状態は自律神経にも大きく影響してきます。自律神経とは文字通り自律している神経のことで、普段は自動的に働いているのですが、人間が興奮すると副交感神経が働いて興奮を静めてくれます。一方、交感神経は興奮を必要としたときに思いっきり働いてくれます。自律神経はこの副交感神経と交感神経で成り立っているのです。

催眠状態になると心が落ち着きます。心が落ち着いてくると副交感神経が優先になり、体中の筋肉が緩んで血行も良くなります。自律神経失調症のような人は自律神経の調和が崩れているため、リラックスしたい時に交感神経が興奮して浅い呼吸に苦しんだり動悸に悩まされたりします。動悸が激しくなって血液が頭に上り、重く感じたり頭痛が起きたりします。逆に活動的にならないといけない時（仕事の時など）に副交感神経が活発になるため気力がなかったりするのです。

催眠状態に慣れてくると、自律神経の調和がとれ、普段から呼吸や心拍もゆっくりと落ち着いたものになります。それでも必要なときには交感神経が十分に働き、潜在的力を活発にしてくれるのです。これが催眠状態にある人の、こころのメカニズムです。

◎催眠の深さ………4つの段階に応じた暗示のかけ方

催眠が深くなると、より暗示が入りやすくなり、暗示が入りやすくなると催眠を深くできるという相互関係があるので、暗示の与え方を催眠の深さで説明します。初心者の場合、次の4段階に分けて誘導するといいと思います。

まず、催眠的暗示が入るようになってくると、『軽催眠状態』（筋肉支配の時期）と言って意識的に動かすことのできる随意筋はもちろん、普段自由にならない内臓の筋肉のような不随意筋まである程度コントロールできるようになります。

催眠的暗示としては「あなたのお尻はイスにくっついた！　もう立ち上がることはできない！」とか「足が床にくっついた！　もう歩くことはできない！」などという暗示が効果を表す状態がこの段階です。人によって反応する部分には個人差がありますが、通常、脳に近い部分からよく反応します。瞼・首・声帯・肩・腕・背中・足という具合ですね。

さらに被暗示性が高まると『中程度の催眠状態』（感覚支配の時期）と言って、五感をすべてコントロールできます。

たとえば「これからあなたに、とっても美味しい桃をあげるから、食べてみてくださいい」と言ってレモンを手渡せば、被験者は本当に桃を持っている感触もあるし匂いもします。もちろん食べてみると桃の味がします。暗示が触覚と嗅覚と味覚を支配しているわけです。

そのほか「あなたの友達が来ましたよ。あなたに話しかけてきましたよ」と言えば、友達の姿も見えるし、声も聞こえます。視覚と聴覚を支配しているわけです。ただし、ここでは目を閉じていることを前提に話を進めています。目を開けた状態で幻覚や幻聴が発生する状態は、もっと深い催眠状態なのです。

そして、さらに被暗示性が高まると『深催眠状態』(記憶支配の時期)と言って記憶までコントロールできます。「あなたは自分の名前を忘れてしまう」と暗示をかけて名前を尋ねると被験者は答えることができませんし、「7という数字が記憶からなくなる」などと暗示を与えて「1から10まで数を数えてください」と言えば、被験者は7をとばして数えたりします。

人間の記憶というのは覚える能力と、それを持続する能力、そしてそれを思い出す能力がひとつになって記憶と言うのですが、潜在意識に入ったものを消してしまうことは、たとえ催眠を使おうと不可能なことです。したがって名前を答えることができなくなるのも、7が数えられなくなるのも、思い出す能力を一時的に押さえつけているだけなのです。

よく失恋の傷心から催眠療法を受けに来る人がいますが、その人たちの依頼は、ある特定の人物だけ記憶から消してくれというものです。もちろん不可能なので私はお断りしますが、テレビなどで見せる催眠の影響か、なかなか理解してもらえないのが実情です。

医療催眠では、この記憶支配の段階を利用して催眠分析を行ない、心身症の原因を探し出すことも少なくありません。これは『年齢退行』と言って「これからあなたの年齢を逆に数えていきます。それにつれてあなたの記憶は過去へ戻っていきます」などという暗示がそれです。

ほかにもこの段階に入ると人格変換などという暗示も可能になります。たとえば、あがり症の人に「あなたは政治家です」と暗示をかけると人前でも堂々とスピーチをします。しかしこれは先に述べたとおり無意識が演技をしているだけです。無意識の演技なので自分でも恥ずかしいと思いながらもやってしまうのです。

さらに被暗示性が高進すると、『夢遊催眠』と言って幻覚や幻聴まで暗示で作り出すことも可能です。

たとえば「あなたの目の前に神様がいます」と言えば、被験者には本当に神様が見えるし、話もできます。このように実際は存在しないものが見えることを『正の幻覚』と言います。逆に、実際にあるものが無いように見える幻覚を『負の幻覚』と言います。

同じ幻覚を起こすにしても、いきなり存在しないものが存在するように暗示するより、何か似ているものを利用したほうが成功しやすくなります。たとえば鉛筆を持たせて「雨が降ってきました、傘をさしましょう」とか、ホーキを持たせて「これはギターです。演奏してください」というように……、つまり幻覚より錯覚のほうが起こりやすいというわけですね。

◎リード……相手の反応に合わすのが重要

催眠術師は自分の発言や行動により、被験者の中で何が起こるかを計算しないといけません。たとえ偉い先生が作った暗示文であっても、一方的に暗示を唱えるだけでは、被験者の心の動きを無視していることになり、催眠誘導とは言えません。

被験者を気持ち良く、かつ抵抗なく誘導していこうと思ったら、強引でもなく、じれったくもない上手なリードが必要です。

それでは閉眼暗示を例にとって瞼が閉じてしまうところまでリードしてみましょう。

「だんだん瞼が重くなってきます……瞼から力が抜けて、だんだん下がってきます……」

と繰り返して、被験者の瞬きが増えるなどの変化が出てきたら、『瞬きが増えてきました。

瞼は下がっていきます……どんどん下がってくる……」と繰り返します。そして瞼が下がってきたら「そのまま瞼は閉じてしまいます……ぴったりと閉じてしまいます……そして瞼は閉じたままです……」という具合に、相手の反応に合わせて少しずつ先を進むのがリードです。

それが、被験者の瞼は全然、反応していないにもかかわらず、「瞼が閉じてきました」というのはリードが早すぎるため、被験者はついてこなくなります。逆に、もう瞼は閉じたくて仕方ないといった感じでピクピクしているときに「瞼がどんどん重くなる……」といつまでも繰り返している人は、リードが遅すぎるため被験者はじれったくなってトランスには入れません。

催眠術のかけ方を覚えるということはリードのコツを覚えることであって、暗示文を丸暗記するものではないのです。

◎リズム………予期せぬ中断はトランス状態を壊す

被験者は術者を信じてついてきてくれるわけですから、気持ちよくリードしてあげないといけません。よく誘導の途中で言葉を間違えて、黙ってしまう人がいますが、言葉を間違えるのはそれほど差し支えありません。それより誘導を途中でやめてしまうことのほうが問題なのです。意識は言葉の意味を一生懸命に解釈しようとしますが、無意識は言葉の意味より、リズムについて来るのです。

深い催眠状態になると意識水準は下がり、無意識が優先になります。そのため、催眠から覚めた直後に「催眠中のことはどのくらい覚えていますか？」と感想を聞いてみると、「何かを言われたのは覚えているが、何を言われたのかはわからない」と言います。つまり言葉の意味を解釈していないわけです。このことが催眠誘導では言葉よりリズムを大切にしないといけないということを語っていると思います。

ところで、誘導が途中で止まってしまう人は、大抵、目標を立てていない人です。まず瞼が閉じるところまで誘導すると目標を立てたら、途中で息が続かず、苦しくなっても瞼が閉じるところまでは何がなんでも誘導を続けるといった気持ちがほしいものです。

頭が前に倒れるところまで誘導すると目標を立てたら、途中で言葉を間違えても必ず頭が倒れるところまでは誘導を続けるというように、自分の能力に合わせて目標を立てて、途中でやめないことです。

もし途中で息がもたなくなったら、被験者を楽な姿勢にして「このまま休んでいてください」と言って、誘導を中断することを被験者に伝えてから休むことです。

リズムさえ崩さずに、そしてあきらめずに誘導していけば、あなたも立派に催眠術師の仲間入りです。

第二章◉

催眠術師への道

催眠術の基本テクニック23

◎身だしなみと態度……まずは安心感を与え不快感を与えない

この章では催眠術を実際にかけるテクニックを紹介していきます。前章での基礎知識と併せて、これらのテクニックを完璧にマスターすれば、あなたも催眠術師への第一歩を踏み出せるはずです。

まず、最初は催眠術をかける相手に好印象を与えることに尽くしてください。そのために、あなたがしなければならないことは、あなた自身の身だしなみです。

被験者があなたに対して不潔感を抱いていたら誘導は難しくなります。誘導の方法にもよりますが、爪などは手入れをしておかないと、被験者があなたの手を見る可能性は多分にある。

とにかく悪い印象を与えるのは禁物。人の印象は出会った瞬間に決まってしまうので、不精ヒゲやボサボサの髪型はよくありません。

それから堂々とした態度も重要です。頼りない相手には誰もついてきませんよね。催眠に関する質問をされて考え込むようでは、その時点で終わりです。

被験者と一対一の場合は、医者と患者のような態度が理想的です。大勢の被験者を相手にする集団催眠では、先生と生徒といった態度が理想的です。もちろん理想なので、あなたの能力に合わせてできる範囲で結構です。

◎環境……誘導を楽にする環境の整え方

慣れてくれば少々不利な条件下でもできるようになりますが、初心者は催眠誘導に適した環境を作り、雰囲気を盛り上げることに努力してください。

まず部屋の広さですが、あまり広すぎると術者の暗示に集中できなくなります。逆に狭すぎると圧迫感を抱いて集中できませんから、広くもなく、狭くもなく、だいたい四畳半から六畳ぐらいが適当です。

つぎに部屋の明るさは、暗示に集中しやすいように暗くするのですが、あまり暗すぎると不安感を抱くおそれがあります。それから、直射日光はできるだけ避けてください。要するに、被験者が何かに気を取られて集中できないような障害を作らないようにすればいいのです。

◎雰囲気……重要な暗示の土台

催眠術をかけるときは、その場の雰囲気を催眠術一色にしないといけません。なぜなら、被験者がトランスに入ると、その場の雰囲気は、そのまま暗示になってトランスに影響するからです。

以前、霊現象を取り上げたテレビ番組を見ていたときのことです。タレントの一人が「霊が取り付いたみたいです。さっきから肩が痛くて……」などと言ったため、霊媒師に背中を叩かれながらお経のようなものを唱えてもらうと、タレントが「楽になりました」と言って笑みを浮べるシーンがありました。じつはこれもタレントの一人がトランスに入っただけのことで、その場の雰囲気が暗示になったせいなのですが、雰囲気はそれほど重要だと言えるでしょう。

◎動機づけ……相手の協力をあおるモチベーション

被験者は催眠に入ることによって、何かメリットがないとかかってくれません。つまり催眠に入るための動機が必要なわけです。それはただ単にリラックスでもいいし、ストレスの解消でもかまいません。催眠の実験をしたいとか、催眠の練習をしたいというような術者本位の動機では、良い結果は望めないでしょう。

ここで頭に置いておかないといけないことは、主役は被験者だということです。被験者が「この催眠は、私のためじゃない」と思ったら動機は覚めてしまいます。できれば被験者の無意識が興味を持つような動機づけをしてください。

そして、ある程度の動機づけができたら、被験者が抱えている催眠に対する不安をなくす作業に移ります。

◎不安の除去……早く深くかけるには不安をなくすのが早道

私が催眠面接を行なうとき、「催眠に入ることにどんな不安がありますか?」と必ず聞きます。その中でも「催眠にかかって覚めなかったらどうなるのですか?」という不安が1位を占めています。

そんな被験者には、次のような説明をしてあげるといいかもしれません。

「催眠にかかった人を端から見ていると眠っているようにも見えるし、意識を失っているようにも見えますよね。でも催眠状態は意識を失っているわけでもないし、魂がどこか別の場所に行っているわけでもありません。催眠状態は本来、覚めるとか覚めないという言い方をするのがおかしいのです。集中が途切れるという言い方が本当なのです。催眠状態は無意識が興味をもって集中している状態です。この状態は子供の頃、遊びに夢中になっているときに似ています。

好きな遊びをしている子供を想像してください。テレビゲームでも広場で友だちと遊んでいるところでも結構です。そこへお母さんが『夕食の時間だから帰ってきなさい』と言ったとします。一度言われて帰る子供もいれば、遊びが楽しくてもう一度呼びに行かないと帰ってこない子供もいますよね。催眠にかかっているときはこの状態にそっくりです。それだけ良い催眠にかかると楽しい集中なのです」

この話は事実であって、被験者を安心させるための作り話ではありません。

もうひとつ、被験者が抱えている不安の中で少なくないのが、「深い催眠に入ったら、操り人形のようになって、どんな暗示にでも従ってしまうのではないか？」というのがあります。この場合は、次のような説明がいいでしょう。

「テレビの催眠術などを見ていると、あたかも本人の意思を無視して催眠術師の言うとおりに行動しているように見えますよね。でも催眠術にかかったからといって、どんな暗示にも従うわけではありません。深い催眠に入ると理性の力が減少するため、ある程度の暗示には従います。しかし『ビルから飛び降りろ』とか『自分をナイフで刺せ』というような生命に関する暗示は一切受け付けないのです。

人間の深い意識の中では生命レベルの防衛本能がいつも働いています。人間の心に自分では気づかない心、つまり無意識があると主張したのはフロイトですが、その無意識には習慣を作り出す浅いものから生命を守る深いものまであると主張したのは、フロイトの一番弟子だったユングです。つまり催眠状態が深くなればなるほど、術者のどんな暗示にでも従うのではなく、催眠状態が深くなればなるほど被験者は自分を大切にするのです」

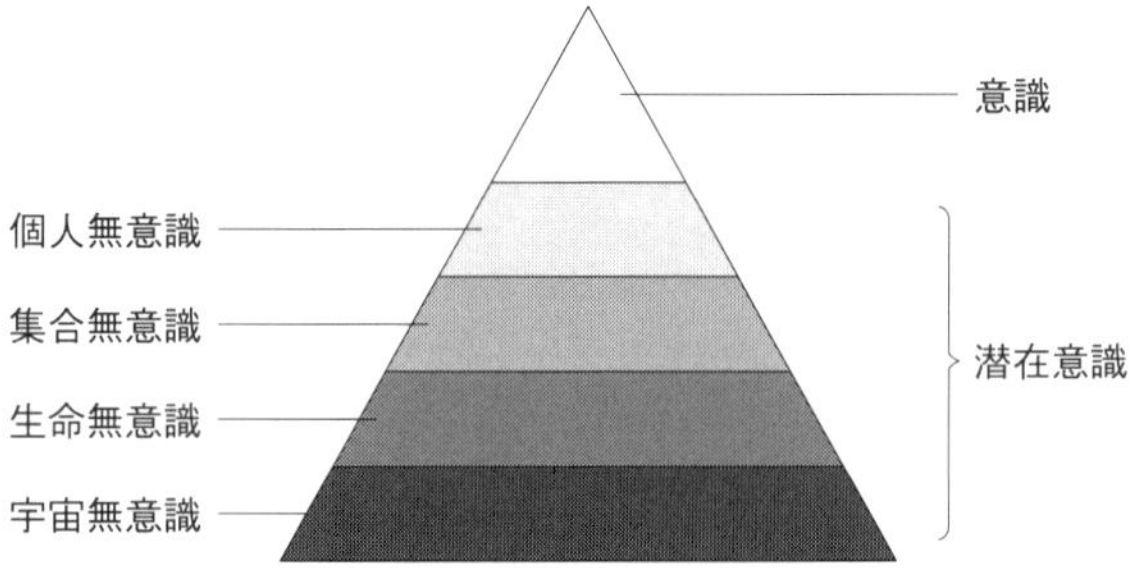

もちろんこの話も本当のことです。

そして「暗示をかけられたら術者が解除するまで永久に解けないのではないか？」という不安を抱いている人も少なくありません。しかし、無意識は何か変化があると常に普段の自分に戻ろうとするため、催眠暗示を入れても、被暗示性が覚めてくると共に暗示はなくなります。

日常生活の中でも、誰かに腹が立つことを言われると、しばらくはそのことで頭がいっぱいになります。しかし永続することはありませんよね。これも無意識の普段の自分に戻す力が必要ないものとみなし『処理』しているのです。催眠状態では無意識が活発になっているため、この処理が驚異的なスピードで行なわれるのです。

◎思い込み……怖いのは催眠暗示より普段の会話

ある日、一人の男性が、「忌まわしい暗示を解いてほしい」と私のところへやってきました。詳しく話を聞いてみると、10年ほど前に著名な催眠療法士のところで催眠を受けたらしいのですが、この男性は極めて被暗示性が高く、1回目のセッションで「部分健忘」(催眠中のことをところどころしか覚えていない現象)が起こるほど深い催眠状態まで到達していたとのことです。

この男性のかかり具合に気をよくした著名な催眠療法士は、「午後からの受講会に参加してくれ」と頼んできたそうです。男性はなかなか断れず、しぶしぶ了解したのですが、生徒さんたちが見ている前で、「腕を真っすぐに伸ばしてみな! もう曲がらない! 曲げられると思うなら曲げてみろ!」と禁止暗示をかけたそうです。男性は、催眠療法士の偉そうな口調に感情的になり、「絶対に曲げてやる!」といった思いで挑戦してみると腕は曲がってしまったのです。

恥をかかされた催眠療法士は少しムキになって誘導を続けたそうです。誘導を受けた直後なので被暗示性が高まっていることも手伝って、この男性はやはり深い催眠まで入ってしまったそうです。

男性は、このとき催眠療法士が感情的になっていたため、自分に変な暗示を入れたのではないかと心配で10年もこだわりを抱えていたのです。しかし催眠暗示はすぐになくなるため、心配することはなかったのです。彼は正しい催眠を学ぶことで、長い間の〝思い込み〟から解放されました。

ところで、私には可愛いトラウマのようなものがあるんですよ。ずいぶん前の話ですが、肘掛のついた椅子に腰掛けて、タバコを吸っていたときのことです。スッと指をすり抜けて、タバコが床の上に落ちたのです。すると床の上で、フィルターを下にして、線香のようにタバコが立ってしまいました。普通なら珍しい現象に喜ぶところですが、そのとき私は奇妙な胸騒ぎがしたのです。その次の朝、入院していた祖父が亡くなったことを聞かされました。それ以来、ふだん立つはずのないものが偶然立つと、気持ち悪くなります。これも自分の思い込みが作り出したものです。

もし私が誰かに催眠をかけられて、「不自然に立っているものを見ると気持ち悪くなる」という暗示を入れられたとしても、催眠状態での暗示ですから、潜在意識の処理能力により2日も経たずに消えてなくなっていたでしょう。これは深い催眠を体験した人にはわかるはずです。

ここで私が言いたいのは、催眠状態で受けた言葉より、普段の会話や日常生活の中で受けた刺激からなる〝思い込み〟のほうが怖いということです。

◎ラポール形成……どこまでついてくるかを決定する信頼関係

『ラポール』とは、被験者との間にできる信頼関係のことを言います。催眠誘導をはじめる前に、ある程度の信頼関係を作っておくことは絶対条件と言ってもいいでしょう。

もし被験者が、「あんな人に催眠をかけられたら何をされるかわからない」などと不信感を抱いていたら誘導は無理です。これは逆の立場になってみればわかると思います。もしあなたに腹黒そうな催眠術師が近づいてきたら、思いっきり防衛するでしょう？　こうした自己防衛の心理が働くと、催眠にはかかりません。

催眠術におけるもっとも重要な心構えは、相手の立場になり、思いやりを持って接するということです。自分がやられて嫌なことは他人にもやらないというのが鉄則です。

それから私が催眠を教えるときは、「相手をバカにしてはいけない！」ということを強く教えます。被験者がバカにされていると感じたら、もう終わりです。何をどうしようと取り返しはつきません。

相手をバカにすると暗示技法もチャチなものになってしまいます。あなたも高度な暗示を身につけたければ、絶対に相手をバカにしないことです。

信頼関係を作るには通常、時間がかかるものですが、催眠ではいくつかの技法を用いて急速に作っていきます。

それではラポール形成のための具体的なテクニックをいくつか紹介していきますが、ラポール形成の段階では、とにかく相手の無意識に同調することを念頭に置くようにしてください。意識はともかく、無意識には原始の心があり、敵と味方をハッキリと分ける習性があります。無意識に「自分と同じだ！」と思わせることで、急速にラポールが形成されるのです。

◎ミラーイング法……相手と仲良くなれるコツ

催眠状態の被験者に目を開けてもらい、術者と被験者は目を合わせます。そのまま術者が耳に手をもっていくと、被験者も同じように、耳に手をもっていきます。これは術者の無意識と被験者の無意識が仲良くなっている証拠です。つまりラポールが形成されたことを意味します。この現象をフィードバックさせて、相手の無意識に同調することで仲間意識を抱かせていきます。

具体的な方法としては、被験者との間に鏡があるように、ポーズや行動を真似するわけですが、同調するのはあくまでも相手の無意識です。相手の意識に気づかれては意味がありません。たとえば、被験者が足を組んだら、それを鏡に映したように術者も足を組むとか、被験者が頬杖をついたら、被験者に気づかれないように真似をするのです。そのましばらく続けていると、被験者に仲間意識が芽生えてきて、無意識と仲良くなれます。この技法を『ミラーイング』と言います。

◎チューニング法……驚異的なスピードで信頼関係を作る

ミラーイングよりもう少し簡単で、効果的な方法を紹介しましょう。

同調するのは無意識の行動だと言いました。この無意識の行動は古く根強いものなら、なお良いのです。

古く根強いものと言えば癖がありますよね。私は催眠術をかける相手に会ったら、まず、その人の癖を探します。俗に「無くて七癖」と言いますが、相手をよく観察していると、数え切れないほどあるものです。たとえば、一緒にご飯を食べていると、一口食べ終わるたびに箸の先を自分の顔に向ける人、自分が一言話すたびに、自分の発言に納得するかのようにうなずく人、質問されると上唇を歯でかんでから答える人……数え上げたらきりがありません。

ただし本人が分かっているような癖に同調しても、あまり効果は期待できないので、本人が気づいていないような癖をできるだけ早く見つけて、それを自分の癖にして被験者と接することです。これを『チューニング法』と言います。

ただ、他人の癖はすぐに移ってしまうので、あまり変な癖は真似しないほうが良いかもしれません。私も、変な癖ではありませんが、発言をする前に、必ず「ん～」っと、うなってから話し始める人にチューニングしていたら、私の癖になってしまい、なかなか治らなくて困ったことがあります。

それから誰もが行なう無意識の行動に、呼吸がありますよね。相手の呼吸のリズムに合わせて呼吸をすることも、ラポール形成にはとても効果があります。これを『呼吸チューニング』と言います。呼吸は意識的にもできますが、意識していないときは、やはり無意識の行動なのです。

◎リードシステム……優れた感覚器官を探せ

人間は周りの情報を、五感を通じて内部に取り入れています。この五感の中で一番優れた感覚を『リードシステム』と言います。このリードシステムにチューニングすることによって、感覚への同調を図ります。

どの感覚を主に使っているかは人によって異なり、だいたい視覚神経の優れた視覚タイプ、聴覚神経の優れた聴覚タイプ、触覚神経の優れた触覚タイプ――この3タイプがほとんどを占めています。

たとえば「きのうの夜は誰と何を食べましたか？」という質問をすると、生まれもったリードシステムが明らかになります。向かい合わせに相手を見て、目線が上を向く人は視覚タイプです。右斜め下に向く人は聴覚タイプです。左下に向く人は感覚タイプです。ただしこれは生まれたときのリードシステムであって、仕事や生活環境によってリードシステムが変わることがあるのです。

変化したリードシステムは相手の会話から探し出すことができます。「本当のあなたを見せてほしい」とか「あなたの言ってることが見えてこないんです」などと視覚を重視した言葉が会話に多く含まれている人は視覚タイプです。

「本当のことを聞かせてほしい」とか「あなたの言ってることはそんなふうにしか聞こえないんです」などと、聴覚を重視した言葉が多く含まれている人は聴覚タイプです。

「本当のことを実感してみたいんです」とか「あなたという人を感じとることができないんです」などと、感覚を重視した言葉が多く含まれている人は感覚タイプです。

目線を参考にしたリードシステムと会話を参考にしたリードシステムが違うときは、必ず会話のほうを参考にしてください。

さて、相手のリードシステムが分かったら、ラポール形成に役立てないといけません。相手のリードシステムが視覚タイプなのに、こちらが聴覚的感覚を重視した受け応えをしていると会話がちぐはぐになってしまい、ラポールの形成は難しくなります。それでは車の販売場面を例にとって説明しましょう。

まず悪い例です。


「……同じ白でもこの車は輝きが違うね〜、見た目にも高級感があるな」

「そうなんですよ、シートも高級な皮を使っているし、乗り心地はバツグンですよ！

ちょっと触ってみてください。肌触りが違うでしょ」

「ん〜、確かに違うね。……フロントガラスも大きいから視界がいいな〜」

「最近は安全性に力を入れていますから……走行中の安定感も最高ですよ」


この会話の中で車を買おうとしている人は視覚タイプです。しかし、販売員は感覚タイプであるため会話としては成り立ちますが、販売員のアピールポイントは相手に伝わりませんし、人間的に気に入ってはもらえないでしょう。

次に良い例です。


「……同じ白でもこの車は輝きが違うね〜、見た目にも高級感があるな」

「そうなんですよ、このクラスになると塗装を4層にしてありますし、よく見るとラメが入っているんですよ。他の車と比べてヒトキハ輝いていますよね〜」
「フロントガラスも大きいから視界がいいな〜」
「安全性を重視しているので、デザインを崩さないように視界を良くしてあります。それにブロンズガラスを使用しているため、目にかかる負担を最小限にしました」

この会話のように、相手の会話に合わせるというよりは、相手の言葉に合わせるのが催眠的アプローチです。

ちなみに相手のリードシステムを急速に探したいときは、「りんごから何を連想しますか？」と聞いてみてください。「赤」とか「丸い」などと答える人は視覚タイプ、「ガリっ！」などと答える人は聴覚タイプ、手でりんごを持っているポーズをしながら答える人は感覚タイプ……これでも多少の参考にはなると思います。

◎仰臥姿勢……弛緩を重視した静催眠は仰向けにさせる

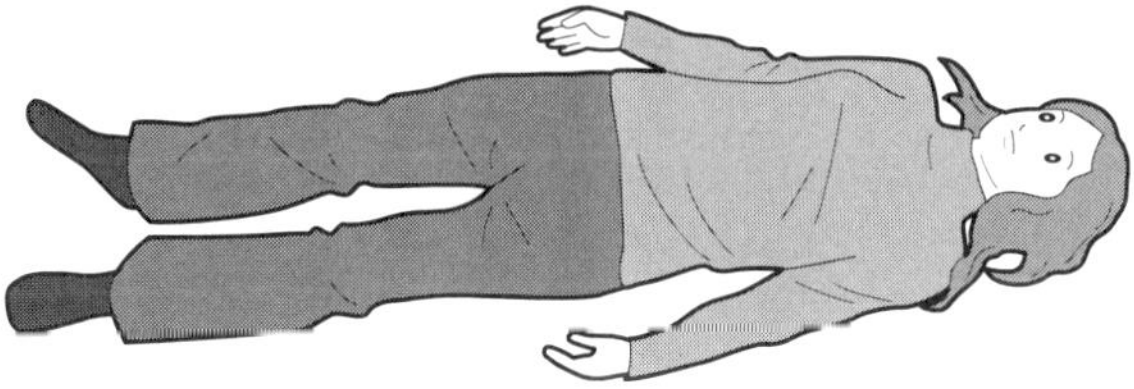

慣れてくると、催眠をかけてから相手のポーズを直すようなこともできますが、初心者のうちは催眠に入るために適した姿勢を作ってから誘導をはじめてください。

まず『仰臥姿勢』です。被験者に仰向けで横になってもらい、両手は身体に触れないように少し離しておきます。

手のひらの向きは、人によって手のねじれ方が違いますから、上向きとか下向きとかにこだわる必要はありません。

要は血液の流れが良くなるように、ねじれないようにしてもらえばいいのです。足は肩幅ぐらいに開いて、身体の一部だけの筋肉が強張らないように心がけてください。

◎椅子姿勢………運動を重視した動催眠はイスに座らせる

次に『椅子姿勢』です。ゆったりと楽な姿勢で腰掛けてもらい、足のかかとが膝より少し前に出ているのが理想的です。

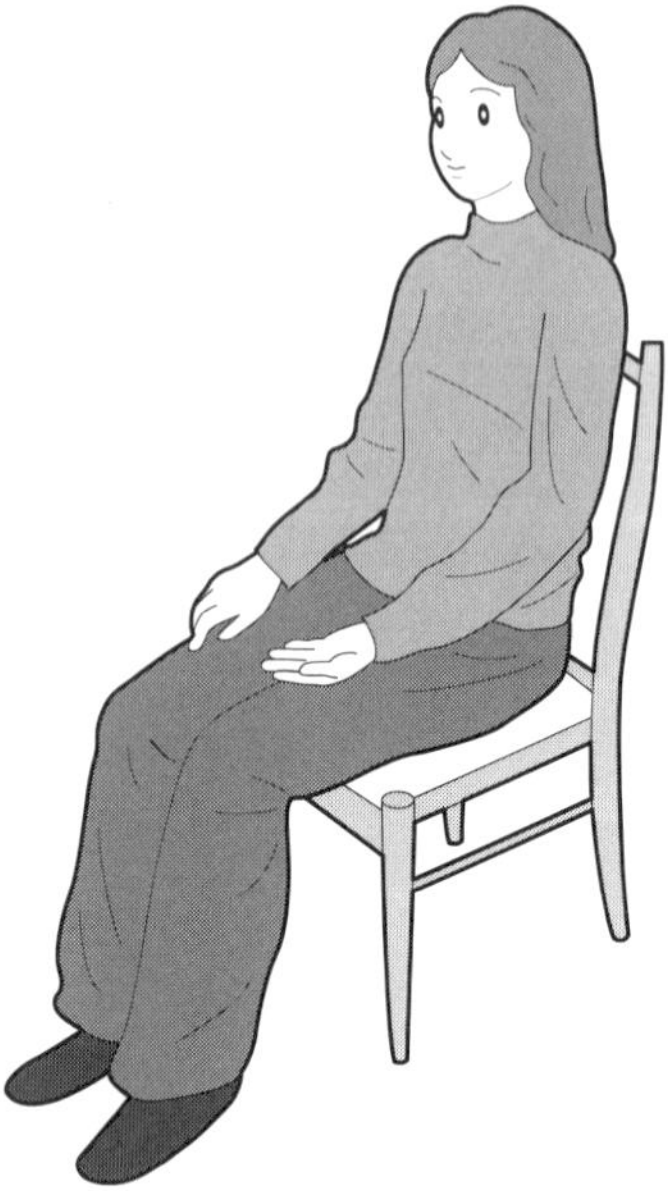

催眠誘導には運動を重視した動的誘導と弛緩を重視した静的誘導がありますので、動的誘導のような被験者にあとあと動いてもらいたいときは、前もって姿勢を指示しておく必要があります。

このとき、背もたれから背中を離すなり、足を少し開いて、床にしっかりとつけてもらうように配慮してください。

◎ブリージング……意識を変える呼吸法の注意点

『ブリージング』というのは「意識的に呼吸する」という意味です。催眠術をかける前のブリージングは、とても重要です。なぜなら催眠状態というのは意識の変性した状態を言います。人間は意識が変性すると呼吸が変化します。特に催眠状態の場合、普段よりゆっくりとした呼吸になります。

ということは、普段よりゆっくりとした呼吸を誘導することによって被験者の意識は催眠状態に近づいていくということです。

呼吸は肩でするときもありますし、胸でするときもあります。人間がリラックスしてくると、呼吸はお腹でするようになります。このお腹でする呼吸を腹式呼吸と言いますが、催眠を誘発するには腹式呼吸がとても効果的です。なぜなら腹式呼吸は胃袋を膨らましたり、縮ませたりします。これにより胃袋のすぐ上にある神経の固まり（太陽神経叢）が刺激され、被暗示性が高まるのです。

男性は、普段、腹式呼吸を主に行なっていますから、言葉の指示だけでも、ほとんどの人ができますが、女性は普段、子宮に負担がかからないように、無意識に胸で呼吸を行なっているため腹式呼吸があまり上手ではありません。

その場合、女性被験者に仰臥姿勢になってもらい、お腹に手を置いて、「私の手を持ち上げるように息を吸ってください……はいっ、吸って……」と誘導したら、今度はお腹を押すように「吐いて……」とやればできるようになります。しかし女性のお腹に手を当てるのは抵抗があるので、次のように進めたほうがいいかもしれません。

「私がこれから、あなたの体を前に倒しますから、息を吐いてください。そして、後ろに起こしたときは、息を吸うようにしてください」と言って、被験者の上半身を前に倒しながら、被験者の身体を折りたたむように「息を吐いて……」、そして後ろへ起こしながら「吸って……」というように呼吸を誘導します。

この呼吸の誘導を繰り返すことによって、被験者は、いやがおうでも腹式呼吸をせざるをえなくなります。

このブリージングを何度か繰り返していると、被験者の瞼がピクピクしてきます。これは被暗示性が高まってきた証拠です。つまり次の被暗示性テストが容易に行なえる状態になったことを教えてくれているのです。

もうひとつ呼吸誘導のコツですが、人間が息を吐くときは副交感神経が活発になり、息を吸うときは交感神経が活発になります。副交感神経はリラックスの神経なので、吐く息を長くしてやると、被験者は落ち着きます。

ただし、被験者が苦しくなるような呼吸の誘導はラポールの破壊につながりますので、思いやりをもった上手なリードをしてください。

◎無意識の集中……これがあれば相手が背中を向けていても大丈夫

催眠誘導をはじめる前の絶対条件として『無意識の集中』というのがあります。被験者の無意識が術者に集中していれば、顔が右を向いていようと左を向いていようと関係ありません。大切なのは無意識に興味をもたせることです。

たとえば、男性が、同僚とバーのカウンターで飲んでいたとします。そのとき隣の席に2人の女性が座りました。女性2人は恋愛の話で盛り上がっています。男性は同僚と会話をしながらも女性の話が気になって仕方ない。きっと顔は同僚のほうに向いていても、同僚の話は聞いていないでしょうね。無意識が女性の会話に引きつけられているからです。

催眠誘導のときに欲しいのは、この無意識が興味をもった集中です。

私が女性とコーヒーを飲んでいたときのことです。彼女は私が催眠術師だということを知っています。ある程度、会話が進んできたとき、私はおもむろにコーヒー茶碗の横にあったスプーンを身体の後ろに隠しました。会話はそのまま続けています。

すると彼女は私と話をしながらも、身体の後ろに隠したスプーンが気になって仕方なかったのでしょう。私を見たり、身体の後ろを見たり、眼がキョロキョロしています。

そのうち彼女は「それ何やってるんですか?」と聞いてきました。私は「何でもないから気にしないでください」と話を続けます。隠されると見たくなる、気にするなと言われたら気になるのが潜在意識です。私は頃合を見計らって、身体の後ろに隠したスプーンをテーブルの上に出しました。

これでしばらくは彼女の無意識をスプーンに引きつけておくことができます。彼女がスプーンに集中している間に「このスプーンを見ていると、呼吸がゆっくりになってくることに気がつきませんか?」と切り出しました。このとき彼女はスプーンを見たまま呼吸に変化が出たので、私は「手や足は重くないですか?……呼吸は気持ち良くないですか?……手や足が重いよね?……でも気持ち良いよね?……首の力も抜けてきてるよね?……

手や足があったかいよね？……でも気持ち良いよね？……」と続けると彼女は催眠に入っていきます。ここでは感覚に意識を向ける暗示を2つ、感情に意識を向ける暗示を1つ、繰り返すのがコツです。

慣れてくると、このような誘導も簡単にできますが、初心者は「私の目を見なさい」とか「親指の爪を見てください」というように指示的な暗示から始めても、その場の雰囲気が催眠一色になっていれば、被験者の心理には「これから何が起こるのだろう？」という興味があるので大丈夫です。

◎被暗示性テスト……感受性を確認できるウォーミングアップ

『被暗示性テスト』とは文字通り、被験者がどのくらい暗示の受け入れやすさを持っているかをテストするものです。一般的には、なんらかの暗示をかけてみて、その暗示にどのくらい反応するかで見極めます。

ただ、私の場合、自動運動（無意識に身体が動く運動）により被暗示性をできるだけ高めて、あとの催眠導入を確実なものにするために被暗示性テストを行ないます。

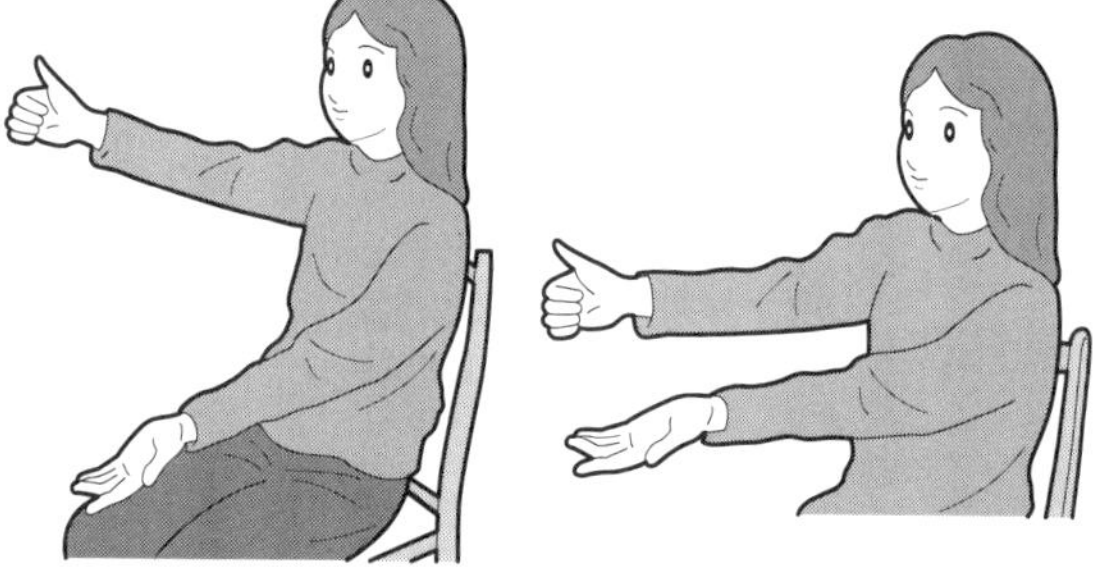

とにかく自動運動を起こせばいいわけですが、自動運動を起こす被暗示性テストには数え切れないほどの方法があるので、ここでは一つだけ紹介しておきます。
被験者は立っていても椅子に腰掛けていてもかまいません。まず、両手を肩の高さに、前に出してもらいます。どちらか一方の手の平を上に向けてもらい、分厚い電話帳が乗っているところを想像してもらいます。そして、もう片方の手は親指を立ててコブシを握ってもらい、風船が結びついているところを想像してもらいます。ここから条件反射の形成です。

「電話帳が載っているところを想像しながら、こんなふうに下がっていくのかな〜って思いながら手を下げてください。これは練習ですから、故意に手を下げてください。……そして元に戻して……今度は風船が結ばれているほうの手です。こんなふうに上っていくんだろうな～って思いながらゆっくり手を上げてください。はいっ、元に戻して……それでは目を閉じてください。ここからは意識的に手を動かす必要はありません。さあ、電話帳が載っているほうの手はどんどん下がっていきます。風船がついているほうの手はどんどん上っていく……」

という具合に、下がるほうの手と上がるほうの手に、暗示を交互に入れていきます。ある程度、被験者の手に動きがでたら手をそのままにして目を開けてもらい、自分がどのくらい暗示に反応しているかを見せてあげると、また認識効果が働き、さらに被暗示性も高まるでしょう。

◎催眠導入………意識を内側に向ける

人間の意識は外へ向いたり、内へ向いたりといった周期的なリズムを繰り返しています。覚醒状態のときは外に向いた意識が優先であるため、何かを思い出すときや想像するときのように、必要なときに内へ向きます。しかし、催眠状態になると内側へ向いた意識が優先になり、『他者催眠』の場合、外へ向いている意識は唯一術者（特に声）になります。したがって催眠導入の部分では被験者の意識を内側へ向けることに努力してください。

日常生活の中でもよく起こりますよね？　つまらない講義を聴いていると空想の世界へ入ったりしませんか？　これは外の刺激があまりにもつまらなくなったために、外の刺激より面白い、イメージの世界に意識が向いているのです。これも立派なトランス状態です。

◎刺激の遮断……欲しいものがなくなると自分の中を探す

人間の脳は常に刺激を求めて動いているため、外の刺激を無くしてしまうと、自然に意識は内側へ向きます。たとえば光もない、風もない、音もない部屋に入ると、どんな人でもトランス状態になります。外の刺激がなくなったために、脳は刺激を求めてイメージの世界へ入っていくわけです。

アメリカでは〝死者との対面〟などといって、たたみ2畳分ぐらいの部屋に鏡を立てかけ、蠟燭2本だけをつけ、音も風もない真っ暗な部屋へ閉じ込めるといった珍商売もあるぐらいです。外の刺激がなくなった被験者は、トランス状態に入り、鏡に死者の幻覚を見たり、幻聴を聞いたりするわけですね。

◎神経の疲労……疲れたアンテナは欲しいものを探せない

先の導入法は外の刺激を無くしてしまうのに対して、今度は外の刺激を感知するアンテナを疲労させるものです。普段は意識していないため気がついていないけれども、外の刺激をキャッチするために、視覚、聴覚、触覚といった神経は常に働いているのです。

この3つの神経に、しばらく休んでもらえばいいのです。ただ、視神経は全体の70%をつかさどっているため、私は少しまぶしいぐらいのライトを凝視させて、次のように誘導していきます。

「このライトを見て……絶対に目をそらさないで……あなたは今ライトを見ています……そしてライトを持っている私の手も視界に入っています……ライトの後ろにある壁も視界に入っています……あなたは時計の音が聞こえています……あなたは空調の

音も聞こえています……そして私の声を聞くことができます……そして足の裏が床に触れている感覚を実感することができます……股の上に置いた手の重みを感じることができます……背中に触れた背もたれも実感できています……あなたはライトが見えています……ライトの後ろにある壁も見えています……時計の音が聞こえています……空調の音も聞こえています……股の上に置いた手の重みも感じることができます……背中に触れた背もたれも実感できています……あなたはライトを見ています……時計の音が聞こえています……背中に触れた背もたれも実感できています……そしてライトの周りが暗くなってくると、瞼が閉じていきます……」

というように視覚的暗示を3つ、聴覚的暗示を3つ、触覚的暗示を3つ行なったら2つずつに減らし、さらに1つに減らしていきます。これでほとんどの人は外の刺激をキャッチする神経が疲労してトランス状態に入ります。

◎観念運動………意義の優先はシーソーバランス

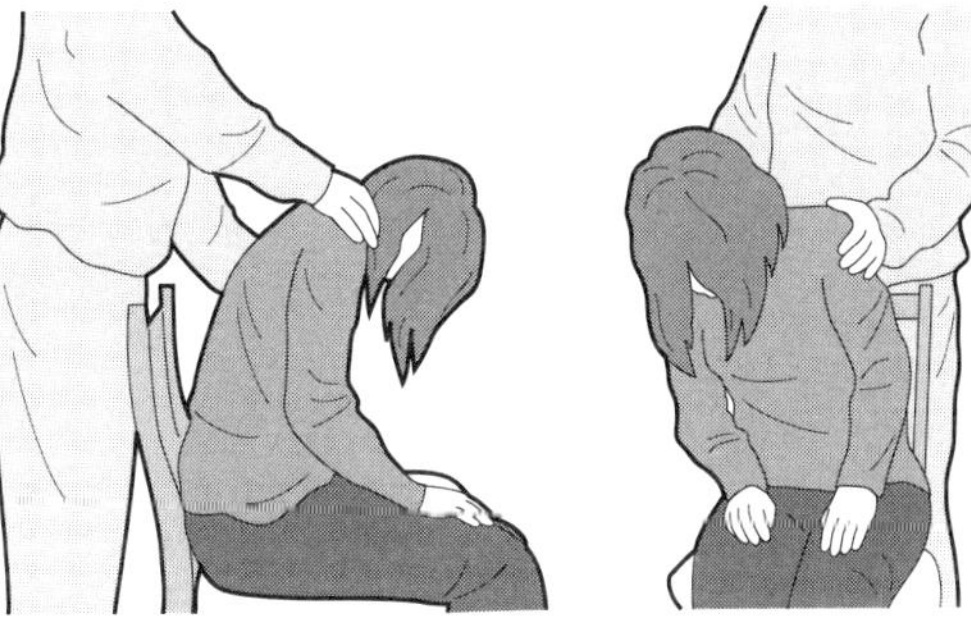

無意識が活発になると、その分だけ意識水準が下がり、内側の意識が優先になります。ここでは『観念運動』（観念が運動になって現れる現象）を用いて、無意識を活発にしていきます。

まず、椅子に腰掛けた被験者の後ろへ回り、次のように誘導していきます。

「これから体を前に倒します。……息をゆっくり吐いてください。さあ吐いて……吸って……吐いて……吸って……吐いて……吸って……はい、自分の呼吸に戻って……私がこんなふうに体を揺らしていると、だんだん力が抜けてきます……」

と言いながら左右に揺れるための条件づけをしていきます。

このとき被験者の身体が椅子の背もたれから離れていて、頭が前に倒れていると揺れやすくなります。

「……どんどん抜けてくる。そして体が自然と揺れてきます。私が手を離しても体の揺れは止まりません……」

と言って被験者の身体から手を離し、あとは言葉の力だけで進めていきます。

「……自然と揺れてきます。揺れれば揺れるほど気持ち良くなってきます。どんどん揺れます。そして気持ちが落ち着いてきたら自然と揺れは止まります……気持ちが落ち着いてくる。そして揺れは自然と止まります……」

この揺れが自動的なものなら被験者はトランス状態に入ります。揺れが大きく、あまりゆっくりでなければ大脳に加速度も加わり、思考の静止に役立つため、トランス状態はよく安定します。あとは深化テクニックを使ってトランスを深化させていけばいいのです。

◎逆算法……数を数えてリラックスさせる

被験者が少しでもトランスに入ったら、

「私が10から数を逆に数えると、あなたの催眠状態は深くなっていきます……10……9……8……7……体が沈んでいく……6……5……4……3……全身の力が抜けていく……2……1……0……力が抜けると眠くなってきます……ふか〜く眠ります……ぐっすりと眠ります……」

これで催眠状態になります。人間は数を数えるとリラックスするという習性をもっているからです。さらに目の前に下向きの階段をイメージしてもらい、数を数えるたびに想像上の階段を下に下りてもらうと、落下イメージも加わり、より深い催眠に入ります。

もうひとつ術者ではなく、被験者に数を数えてもらう方法があるので紹介しておきましょう。この場合、500とか800といった大きな数からはじめます。

「これからあなたに声を出して５００から数を逆に数えてもらいます。あなたが数を数えている間、私はあなたに話しかけますが、あなたは数を数えることに集中してください……さあ、どうぞ……」と言って被験者が数を数え始めたら、「……だんだん首の力が抜けてきます……顔の力も抜けて、頭の力も抜けてくる……そして心の力も抜けて、次の数を思い出すことができなくなってきます……」と続けて、被験者が数を数えられなくなったら、「もう何も思い出すことができません……あなたは自分の名前すら思い出すことができない！」

と言えば、名前を尋ねても被験者は答えることができません。

記憶支配まで突入したわけですが、催眠ではこれを『健忘』と言います。このように難しい数の数え方をすると、意識野が狭くなり催眠は深化するのです。

◎沈黙法………語りかけを休むと脳も休む

人間の身体は使うとエネルギーが消耗します。エネルギーが消耗した部分には自動的にエネルギーが送られていきます。このエネルギーを運ぶのは血液です。

たとえばスクワット運動のような足の運動をすると、不足したエネルギーを送り込むために、血液が足に多く流れます。そして人の話を聞いているときも脳はエネルギーを消耗しています。おしゃべりな人といると疲れるのはそのためです。

催眠誘導のときも眠くなるという暗示により脳を休ませていきますが、暗示を聞いている分だけはエネルギーを消耗するため、血液は脳に上ろうとします。催眠状態というのは血液が下に下がった状態を言うのですから、暗示を止めて少しの間、話しかけないでいてあげれば催眠は深化します。これを『沈黙法』と言います。

ただし予期せぬ中断はトランスを壊してしまうので、

「……これからしばらくの間、あなたに話しかけるのをやめます。私が話しかけるのをやめている間、あなたは何も考えたくなくなって、深い催眠状態に入っていきます……」

と忠告してから放置してください。私の場合、約5分ぐらい放置したら「再びあなたに話しかけます」と言って覚醒させるときもあれば、誘導を続けるときもあります。

◎ゆさぶり法……かけて覚ましてを繰り返すと深化するトランス

誘導前に、できるだけ不安の除去を行ないますが、やはり初めての経験というのは、なにかと不安がつきまとうものです。催眠が深化していく過程で不安になり、防御してしまうことはよくあることです。

そのために誘導を何回かに分けて行なうのが深化法の主流になっています。催眠をかけては解き、かけては解く、といったことを繰り返すわけですね。

これを『ゆさぶり深化法』と言いますが、下に下がった血液が元に戻る前に次の誘導をはじめるというのがゆさぶり法のコツになっています。

しかし私はこのセオリーを無視して、少し間を開けてから次の誘導をはじめるようにしています。身体的なものより精神的なほうを重要視しているんですね。

◎覚醒法……暗示でかけた催眠は暗示で解く

ずいぶん前に私が催眠術を教えた人で、「深くしすぎて覚めなくなったらどうするんですか？」という質問をしてきた人がいましたが、そんなことは絶対にありません。今までいろいろな暗示が効いて、「覚める」という暗示だけが効かないはずがありません。

もし、1回の覚醒法で覚めない被験者がいたら、「なぜ目を覚まさないのですか？」と聞いてみればストレスの原因が分かるかもしれません。一度の覚醒法で覚めない被験者は、日常生活の中で大きなストレスを抱えている場合が少なくないのです。そのため、何も考えなくて済む催眠状態が気に入っているのです。

要するに、「目を覚ましてください」と言えば催眠は解けるわけですが、深い催眠状態の被験者に対して急速な覚醒法を行なうのはよくありません。深ければ深いほどゆっくりと覚醒させたほうがいいのです。

たとえば「私が3つ数えたらあなたは気持ちよく目を覚まします」と言って前暗示をしたら、「3、2、1」と刺激を与える。そして「ハイ！　覚めました。さあ目を開けて、とってもいい気持ちです……」と言いながら被験者が目を覚ますまで追い込み暗示を続ける。もっと深い催眠状態の被験者なら、「私が5つ数えたら」とか「私が10数えたら」という具合に時間をかければいいわけです。

「私が3つ数えたら、目が覚めます、3、2、1」と言ったら、あとは黙って見ているだけ。これでは時々覚めない人がいても不思議はありません。やはり「前暗示」「刺激」「追い込み暗示」といった暗示の基本が覚醒法の時にも重要なのです。

それから深い催眠状態に到達した被験者は、覚醒法によって催眠からは目を覚ましても、被暗示性は高進したままの状態がしばらくの間続くので、この時ちょっとした刺激を与えて「眠れ」と言えば、すぐ催眠状態に戻ります。

たとえば、被験者の目の前で指を鳴らして「眠れ」と言えば、頭をコクンと倒して催眠状態になるわけです。

第三章◉

催眠術ショーの舞台裏

集団催眠の実践テクニック11

◎集団催眠……複数の被験者を一度にかけるために

前章では催眠の基本的な理論とテクニックを学んできましたが、ここではさらなる技術向上のために、催眠術ショーをとりあげて説明しましょう。

約10人ぐらいの被験者に集団催眠をかけるところを想定して行ないます。

照明と効果音がタイミングよく操作できればスムーズに進められるので、スタッフを揃えて打ち合わせをしておくといいかもしれません。特に4秒間に1回の点滅をするライトが天井に設置してあると、催眠導入には極めて役に立ちます。

ステージ上には背もたれのついた10個の椅子を並べておき、観客は50人を想定して行ないます。準備ができたら観覧席に向かって、催眠の説明です。

「ではさっそく催眠術の話をしましょう。まず、催眠術にかからない人から説明しますと、7、8歳で言葉の理解できない人にはかかりません。催眠術にかかるのも、それなりの知能が必要なわけですね。

次に、催眠術にかかったらどうなるのか？　それはとってもスッキリとしたいい気持ちになります。そして15分の催眠は3時間の睡眠に匹敵するぐらい気持ちいいのです。うまくかかったら今日の夜はとってもよく眠れますからね……」

◎被験者を選び出す……催眠に適した人をどう見分けるか

「……それでは皆さんが、どのくらい催眠術にかかりやすいか、簡単なテストをやってみたいと思います。ご協力ください。

ではイスに深く腰掛けて……まず首を右に倒してください。反対側の首に痛みを感じるぐらい倒してください……もっと倒して……ハイっ！　いいですよ、元に戻して！……。

今度は左です……反対側に痛みを感じるぐらい倒して……もっと倒してください……ハイっ！　元に戻して……。

今度は前です。頭を前に倒して、首の後ろを伸ばしてください。肩をめいっぱい後ろに引いて、頭を前に出して……ハイっ！　元に戻して……。

今度は後ろです。頭をできるだけ後ろに倒してください……顎を天井に突き出すように……ハイっ！　元に戻して……」

これは、より良く首の筋肉をリラックスしてもらうために一度思いっきり緊張してもらうという『漸進的弛緩法《ぜんしんてきしかんほう》』の原理を応用したものです。

「……それでは目を閉じて……私がハイって言ったら、みなさんの頭は自然と後ろへ倒れていきます……ハイっ！　倒れていきます……どんどん倒れていく……もっと倒れていきます……頭の後ろがどんどん引かれていきます……頭が倒れてしまうと、もう起こすことができません！　起こそうと思えば思うほど後ろに引かれていきます……さあ起こしてみて？　絶対に起こすことはできません！……」

このテストで頭が倒れる人はかなりいると思いますが、頭を起こすことができない人は限られてきます。暗示の与え方にもよりますが、だいたいステージに上がるのに適当な人数ではないでしょうか。

「頭が起こせなくなった人？　これから暗示を解きますから、暗示が解けたら速やかにステージに上がってください……」

そして被験者が催眠に入ることを邪魔しない環境を作るためにも、観客に注意事項を述べておきます。

「私がステージ上の方に催眠術をかけるまで、どうぞ静かにしていてください。催眠術にかかったあとは、皆さん思いっきり騒いでかまいませんので、実際、騒げば騒ぐほど楽しいショーになります。みなさんは、とっても素晴らしいノリでショーを観てくださると信じています」

観客に対する説明が終わったら被験者を誘導していきましょう。

「では、足をしっかりと地につけてください。……両手は少し触れる程度（指先を少

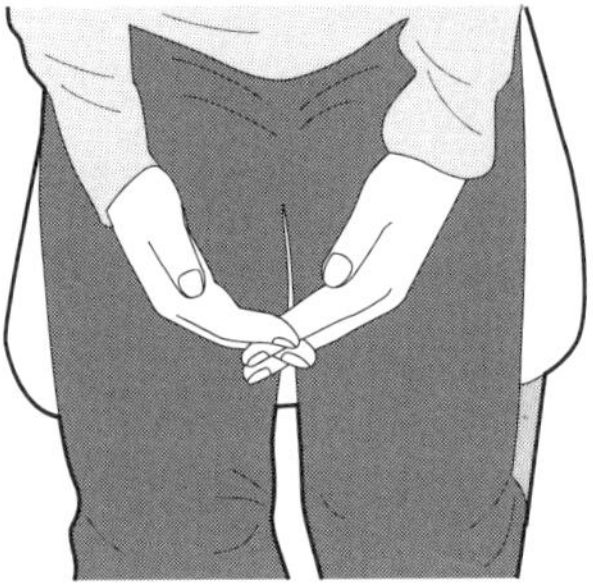

し組むような感じ）に腿の上においてください。……イスにゆったりと腰掛けてください。……そして自分が一番ゆったりとリラックスできる姿勢で腰掛けてください。うしろにゆったりと……ほとんどの方が催眠術にかかったことがないと思いますけども……催眠術というと催眠術師の目を見ただけで、かかってしまうというイメージがあると思います。でも、そういうことは何度か催眠術にかかったことのある人でないと起こらない現象です。

一番最初はとっても浅～い程度です。……みなさんの周りで起きていることも、ちゃ～んと分かるし、観客の反応もちゃ～んと分かるし、もちろん私の声もよ～く分かります。眠ってしまうわけではないんですね。無意識になるわけでもないんです。周りのことはぜ～んぶ分かる。だけれども私の言ったことには、どうしてもやってみたい気持ちが起こってしまう。それで自分ではやめられなくなってしまうんですね。

そういう気持ちが起こったら、絶対に逆らわないで、その気持ちに乗って体を動かしてみてください。そうすると、とっても素敵な気分になるんです……この中には催眠術にかからない人も何人かいると思いますけれども、私が合図するまでは、どうぞその席で静かにしていてください。かかっていない間、隣の人をこづいたり、からかったりしないでください。笑ったり、騒いだりしないでくださいね……それではリラックスして私の声を聞いてください……」

ここで低音を重視した瞑想曲（ＢＧＭ）を流し、天井に設置したライトを点滅させます。

◎インダクション……催眠をかける瞬間

「さあ、私の目を見なさい……今度は上のライトを見なさい……そのライトを見続けなさい……そして繰り返し繰り返し考えなさい……あなたはとっても疲れて眠い……疲れて眠い……体がおもーい……体がおもーい……体がおもーい……。

さあ、足がだんだんおもーくなってくる……なまりのようにおもーく、そして疲れてくる……あなたの腕の筋肉も、おもーくなって、そう、だんだんなまりのように、おもーく、疲れてきています……。

今度は、まぶたが、おもーくなってきます……目が開かないくらいに、おもーくなってきます……あなたはまばたきをしています……疲れと睡魔がおそって来る……そう、まぶたがおもーくなり、目が開かなくなる……さあ、目をつむりなさい……目をつむって、私の声を聴きなさい……私の声を聴けば、くつろいだとってもいい気持ちになります……あなたの体中の力が抜けて……リラックスしているのが分かるでしょう……。

さあ、今度は深呼吸をしましょう……吸って……止めて！……吐いて……吸って……吐いて……吸って……吐いて……深呼吸をするたびに、深ーく、深ーく沈んでいきます……深～く、深～く沈んで、催眠状態になります……深呼吸をするたびに、深～くなり、私が起きてと言うまで、何があっても目が覚めない……そして、あなたは私の言う通りになります……だんだんと、深～い催眠状態に入っていく……今度は目をきつ～く閉じて……そう、きつ～く……目を開けたいなんて思わないでしょう……そう、いい気持ちだ……ゆったりと座って……私の声だけを聴きなさい……。

さあ、目を閉じたまま、今から言うことをイメージして……そう、目をしっかりと閉じたまま、今から言うことを想像しましょう……」

◎腕の浮上深化法……腕の浮上深化法で足並みをそろえる

ここから『腕の浮上法』により催眠を深化させていきますが、腕の浮上法は時間がかかるものだと覚悟して進めてください。

「……みなさん想像してください。あなたの左腕に大きな大きな風船が結び付けられています。その大きな風船があなたの左腕をだんだんと持ち上げていきます。さあ、どんどん上がっていく、どんどん上がっていきます。ちょっとでも上がると、とってもいい気持ちがします。左腕はどんどん上がっていきます。あなたはどうすることもできません。まるで左腕に羽が生えたみたいに、軽ーくなっています。どんどん上がっていきます。想像してください。高ーく、高ーく上がっていきます。もう、体中が浮き上がってしまうぐらいに、軽ーくなっています。どんどん上がっていきます……。

今度は、大きな風船が、先ほどよりも大きな風船が、あなたの右腕を持ち上げていきます。さあ、どんどん上がっていく。大きな風船に引かれて右腕が上がっていきます。さあ、どんどん上がっていく。大きな風船に引かれて右腕が上がっていきます。どんどん上がっていく。もう、自分ではどうすることもできません。どんどん上がっていきます。高ーく、高ーく上がっていきます。どんどん上がっていきます……もう、両腕が浮き上がってしまうぐらいに高ーく上がっていきます……」

◎腕の自動運動……被暗示性を急速に高める

被験者の両手が高く上がったところで、腕の自動運動により被暗示性を急速に高めていきます。

「……両手を高く上げたまま、私が3つ数えたらみなさんはパラパラダンサーです。私が3つ数えたら椅子に腰掛けたまま、音楽にあわせてパラパラダンスを踊ってください……3、2、1！　さあ、あなたはパラパラダンサーです！……おもいっきり踊ってください！……」

ここで私は、Euro Paradiseという音楽を流します。

◎さらに神経を疲労させる……神経の疲労は深化の過程でも有効

「……3つ数えたらふか～く眠りましょう……3、2、1！　眠って……ふか～く眠って……身体の力が抜けます……そして心の力も抜ける……。

さあ、腕を楽にして……あなたは今、北極にいます。私が3つ数えたら北極にいます。3つ数えたら北極にいますよ。とっても寒い北極です。とっても寒いんです……3、2、1！　ハイっ！　あなたは北極にいますよ！　ウォー寒い！　寒い寒い！　寒くて寒くてたまらない！　寒い寒い……そして寒さは徐々にやわらいできます……。

目を閉じたまま、イスに座ったまま、だんだん暖かくなってきました。気分が良くなってきましたよ……今度は砂漠をさまよっている人です……サバクを這いずりまわっています。それはとっても暑いんです……だんだん暑くなってきました。……暑い暑い！　暑くて暑くてたまらない。体中の毛穴から汗が出てきました……暑い暑い……さあ、暑さもだんだんやわらいできます……ゆったりと座ってください……」

このように『冷感暗示』と『温感暗示』を交互に与えると、自律神経は寒くなったら身体を温めようとしますし、暑くなったら身体を冷やそうとして頑張ります。そのための疲労が催眠を深化させるのです。あとは疲労した自律神経を伸ばすように頭を倒してやるとよく安定します。

「……これから私があなたの肩をたたくと、あなたの頭は前にコクンと倒れて、深ーい深ーい催眠状態に入っていきます……」

と言いながら、被験者一人ひとりの肩に手を置いていきます。

「……ハイっ、深ーい催眠状態に入っていく。深ーい催眠状態に入っていく……目をしっかりと閉じて。あなたの重ーい重ーい頭が前に倒れていきます……そして私の言うことを聴けば聴くほど、深ーい催眠状態に入っていきます……」

◎深化法①……ストレスを与えて深化させる

催眠状態の被験者に、ストレスを与えると急激に深化します。「ストレスなんか与えたらラポールが壊れてしまうのでは？」と心配するかもしれませんが、催眠状態が安定していれば、こころが動かなくなっているため、次の暗示を入れると前に与えた暗示のストレスはなくなります。ここでは感覚と感情にストレスを与えてみましょう。

「……みなさん私の言うことをよーく聴いてください。これからみなさんは海外旅行に出かけます……みなさんは、これから離陸しようとしている飛行機の中です……さあ、シートベルトを締めてください……。

私が3つ数えたら飛行機は離陸体制に入り、加速をはじめます……3、2、1！ハイっ！　飛行機はすごいスピードで走り始めました……どんどんスピードが上がっていきます……さあ、地上から離れました！……どんどん上っていきます！……さあ、飛行機は安定しましたよ。シートベルトをはずしてください……」

ここで被験者の肩に手を置いて、一人ひとりに「どこへ行くんですか？」などと質問すると、被験者はいろいろ答えてくれます。それにより、またイメージの中へよく入っていくのです。術者はさらにイメージの世界を広げるために話を合わせてあげると、なおいいでしょう。そして質問が終わると、誘導に戻ります。

「……そろそろ乱気流に入るみたいです。機内放送が入りましたよ！　シートベルトを締めてください……ガタガタ揺れてきましたね～……あっ！　エアーポケットに入ります！　私が3つ数えたらエアーポケットに入ります……3、2、1！　ハイっ！　身体が沈んでいきます！　すう～っと沈んでいく……ものすごい勢いで沈んでいきます……。

ハイっ、乱気流は抜けました。シートベルトをはずしていいですよ……でも、さっきのエアーポケットで気分が悪くなってしまいました。あ～ムカムカする……。あっ、あなたの様子に気がついて、スチュワーデスが薬を持って来てくれました。

さあ、手を出してください……」

ここで被験者は手を出すから、術者は一人ひとりの手のひらを指でチョンと触れていくと、被験者はさもクスリがあるようにゴクンと飲みます。

「……さあ、飲んで！……気分が落ち着きました……。

あっ！　スチュワーデスが慌てていますよ！　どうやら薬を間違えたみたいです！……今飲んだのは強烈な笑い薬みたいですよ！……。

あっ、薬が効いてきちゃった……おかしくなってきた（笑）……あ〜もう我慢できない……でも機内で笑っているのはあなただけです。ヒンシュクを買いますよ！　我慢してください……でも我慢すればするほど、おかしくなってくる……肩が揺れていますよ……我慢して……。

後ろの座席のおばさんが、あなたを覗き込んできました……我慢して、我慢して……あっ！　前の座席のおじさん、くしゃみをしたらカツラが落っこっちゃいました！……でも我慢しないと怒られちゃいますよ……あ〜、慌ててカツラをかぶったら前と後ろが逆だ！……おかしい、おかしい。もう我慢できません……。

さあ、3つ数えたらふかーく眠りましょう……3、2、1！　ふかーく眠って……身体の力が抜ける……そして心の力も抜ける……」

◎深化法②……連続技で催眠を確実にさせる

「……みなさん、ここからはいろんなものに変身していきましょう。……まず、最初の3つで竜巻になります。3、2、1！　さあ、あなたが竜巻です！　あなたが竜巻ですよ！……どんどん続けてください！……あなたが竜巻です。……竜巻はどんどん大きくなる！……もっともっと大きくなる……。

今度3つ数えたら、あなたは竜巻に巻き込まれてしまった人です。3、2、1！

あなたは竜巻に巻き込まれてしまいました！　回転しながら舞い上がっていきます！

……もう、もみくちゃにされています。あーすごいすごい！　もみくちゃです……」


この暗示により自動運動が起こりますが、人それぞれ想像力が違うため、その動きも一人ひとり違います。そして、その動きは激しくシャープなものはどよく深化することは言うまでもないことですが、中でも頭を回転させる人は激しく深化します。

「……3つ数えたら深ーく眠りましょう。3、2、1！　深ーく眠って……身体の力が抜ける……そして心の力も抜ける……。

今度はパソコンのキーボードになりましょう。3、2、1！　さあ、あなたがキーボードです！　日本選手権で1位になった人がタイピングしています。……早い早い！……あなたがパソコンのキーボードですよ！……。

さあ、今度は世界選手権で1位になった人がタイピングをはじめました！　すごい早さだ！……3つ数えたら深ーく眠りましょう。3、2、1！　深ーく眠って……身体の力が抜ける……そして心の力も抜ける……」

これは、身体を痙攣させることによってカタルシス（筋肉のストレス発散）を起こしているのです。これも深化法のひとつです。

◎深化法③……恐怖（強いストレス）を与える

「……さあ、今度は空を飛ぶ鳥になりましょう。3、2、1！　さあ、あなたは鳥です。気持ちよく空を羽ばたいています……。

遠くのほうにキレイな山が見えます。……あの山に行ってみましょう。……空から見下ろす山はとってもキレイですね～……あっ！　誰かがあなたをライフルで狙っています！　ヤバイ、ヤバイ！　逃げて！　逃げて！　あぶない！　逃げて！……頭をかわしながら早く逃げて！……3つ数えたら深ーく眠りましょう。3、2、1！　深ーく眠って……身体の力が抜けます……そして心の力も抜ける……」

◎後催眠暗示……催眠が覚めた後に暗示が反応を起こす

「……みなさんイスにゆったりと座り直してください。そしてリラックスして……ここからは私が肩に手を置いた人だけが私の話を聞いて、目が覚めたあとに反応してください……」

ここで一人ひとりに違った後催眠暗示を入れていくわけですが、肩に手を置かれていない人は沈黙法が効いていることを覚えておいてください。

誰か一人の肩に手を置いて、

「あなたを起こしたあとで、どんな時でも私がライターに火をつけたら、あなたはすぐにイスから立ち上がって、『バカヤロー』と叫びます……」

そして次の人に、

「あなたを起こしたあとで、どんな時でも、どこかで誰かが『バカヤロー!』と叫ぶのを聞いたら、あなたはすぐに立ち上がって『ママオシッコ!』と叫びます」

そして次の人に、

「あなたを起こしたあとで、どんな時でも、どこかで誰かが『ママオシッコ！』と叫ぶのを聞いたら、あなたはすぐにイスから立ち上がって『おだまり！』と怒鳴りつけます」

そして次の人に、

「あなたを起こしたあとで、どんな時でも、この音楽（オーケストラ）を聞いたら、あなたは世界中でもっとも有名な指揮者になります。ですからこの音楽が聞こえたら、どこに居ようと、何をしていようと、すぐにステージの真ん中に走り出て、華麗に指揮をはじめてください。ただし、音楽が途中で止まったら、あなたはどうしてそんな事をしたのか分からなくなって、とっても恥ずかしくなって、自分の席に戻ります」

そして次の人に、

「あなたを起こしたあとで、どんな時でも、あなたがタバコをくわえたら、そのタバコに火がついていようと、いまいと、あなたはライオンのように『ウオォー！』と叫びます」

そして女性の方、全員の肩を順番に触り、

「あなた達を起こしたあとで、どんな時でも、この音楽（ストリップで定番の音楽）を聞いたら、新宿でナンバーワンのストリップダンサーです。セクシーな踊りで男たちの目を釘付けにしちゃいましょう。ただし服は一枚も脱がなくて結構です」

そしてステージ上の被験者全員に、

「ここからは肩に手を置かれていない人も私の話を聞いてください。皆さんは、この音楽（ディスコソング）が聞こえたら、どこで何をしていようと、ディスコダンスを踊りながらステージの上に上がって来てください……。

それでは皆さん私が3つ数えたら、とってもスッキリとした、いい気持ちで目を覚ましましょう。3……2……1！……さあ、目を開けて！　とってもいい気持ちです。皆さん目を開けて！…………」

これで被験者は、術者の暗示した通りになりますが、被験者は術者の暗示を文字通りに受け取るため、細かい指摘が必要です。たとえば指揮者になった被験者を例にとると、「この音楽を聞いたら、あなたは指揮者になります」では一度だけで終わってしまう場合があるのです。だから「どんな時でも」という暗示を付け加えておくと、音楽がかかるたびに（被暗示性が高まっている間は）指揮者になります。

このあと、オーケストラの音楽を流して、指揮者になった被験者が音楽にあわせて指揮をはじめたら、頃合を見計らって音楽を止めます。すると被験者は「なぜそんなことをしたのか分からなくなる」という暗示が効いているため、混乱が起こります。術者はこの混乱をさらに悪化させるために、「何をやってるんですか!?　席について落ち着いてくださいよ！」と言います。そして席に着いたら、またオーケストラの音楽を流し、指揮者になってもらいます。

これを2、3回繰り返せば、混乱と共に思考は制止して被暗示性は高進していきます。端で見ていると、「意地の悪い催眠術師だな～」と思うかもしれませんが、これも深い催眠に導くための技法なのです。

だいたい、このあたりで1回目の誘導を終え、休憩などをとるといいかもしれません。それはまたゆさぶり法につながるでしょう。

休憩が終わったところで、ディスコソングを流すと、さきほど「皆さんはこの音楽（ディスコソング）が聞こえたら、どこで何をしていようと、ディスコダンスを踊りながらステージの上に上がって来てください……」という暗示を入れてあるので、被験者は全員踊りながらステージ上に戻ってきます。被験者が全員揃ったら、音楽を止め、席についてもらいます。全員が席に着いたところで、被験者一人ひとりの日の前で指を鳴らし、催眠状態に戻していきます。

◎意識の退行………意識は過去へ行っても未来へ行っても深化する

「……眠って……身体の力が抜けます……そして心の力も抜ける……皆さん私の話を

よーく聞いて！　今度、私が３つ数えたら、みなさんは目を開けます。そして目を開けたら、７歳のときのあなたに戻っています……３、２、１！　さあ、目を開けて！……」

この暗示により、記憶が過去へ帰るので、催眠は深化します。

記憶を過去へ返すと言えば、催眠では『年齢退行』というのが有名ですが、かの有名なミルトン・エリクソンはこの作業をたったの一言で済ませるような、天才的な人でした。

その方法は、被験者の手を宙に浮かせて、カタレプシーをかけ、「手を降ろすのに、こんなに苦労するのは大人になってから初めてです」――この暗示で「子供の頃にはあったのだろうか？」と被験者の意識は過去の記憶を探しにいくのです。

それでは被験者を覚醒させてショーを終わりにしましょう。

「みなさん、ここからは一人ひとり、全員に話しかけます。このあとみなさんが目を覚ましたあとでも、この会場にいる間は私の言う通りになります。

しかしこの会場から一歩でも外に出たら、私の催眠効力はすべて消えてなくなります。いいですね？　それでは３つ数えたら、とってもスッキリとした、いい気持ちで目を覚ましましょう……。

３……２……１！　さあ目を開けて！　みなさん目を覚まして！　とってもいい気持ちです。さあ、目を開けて！……」

ここでは後催眠暗示を後催眠暗示で解くようにしていますが、後催眠暗示はちょっとした刺激を与えて「暗示が解けました」とか「目を覚まして」と言っても解けます。

私は後催眠暗示をかけた被験者を、もう一度催眠状態に戻して、何も暗示しないで催眠を解きました。すると後催眠暗示が解けていることに気がつきました。さらに後催眠暗示をかけた被験者に「目を閉じて……目を開けて」と言えば解けることにも気がつきました。さらに被験者の目の前で指を鳴らして「目を覚まして」と言えば解けていることにも気がつきました。

しかし初心者のみなさんは、確実に暗示を解いてから催眠誘導を終わりにするようにしてください。

プロの成功テクニック9

催眠術の極意

第四章◉

◎成功率を上げるために①……浅側頭動脈圧迫法《しんそくとうどうみゃくあっぱくほう》

催眠のかかりやすさには個人差があり、中にはかかりにくい人もいます。第四章では、かかりにくい人に対しての保守的な技法をいくつか紹介していきましょう。

まずは、言葉の暗示だけではなかなか反応しない人に対し、生理的手段を用いて、催眠状態で起こる脳貧血状態を先に起こし、誘導を容易にする方法です。

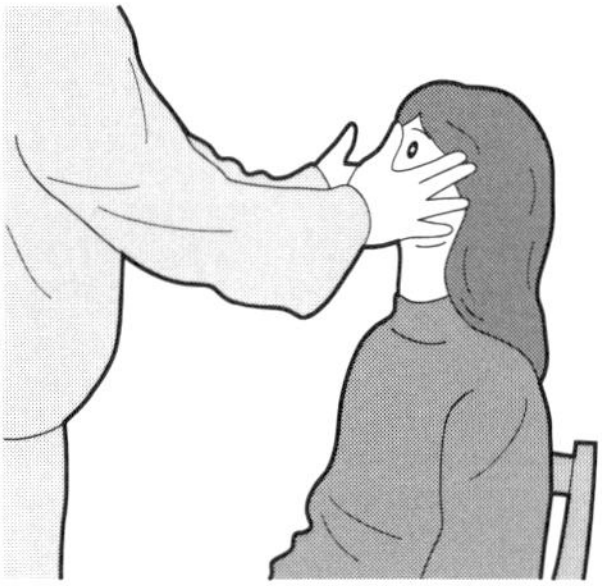

まず、被験者に背もたれのついた椅子に腰掛けてもらい、術者は被験者の目の前に立ちます。そして両手の中指で、被験者のコメカミのところでピクピク脈を打っている「浅側頭動脈」という部分を圧迫します。

そのまま圧迫を続け、「私の目を見て……目をそらさないで……そのまま見ていると、瞼が閉じてきます……」と眼閉暗示を繰り返し、眼が閉じたら「頭が前に倒れる」という暗示で催眠状態を安定させます。あとは深化法を使って催眠を深めていけばいいわけです。

この方法は、目じりの後ろにある動脈を圧迫することにより、脳に上る血液の量をほんのわずか少なくして暗示を受け入れやすくするわけです。

◎成功率を上げるために②……後頭動脈圧迫法《こうとうどうみゃくあっぱくほう》

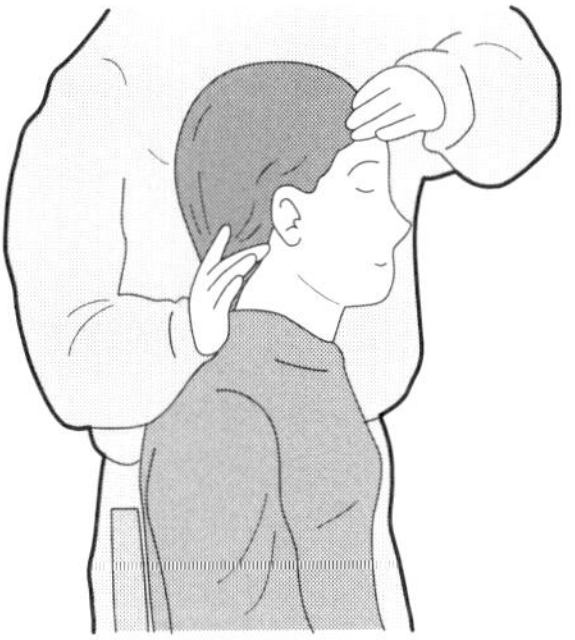

この後頭動脈圧迫法も前と同じように動脈を圧迫する方法ですが、保守手段というよりは、一種の催眠誘導と言ったほうがいいかもしれません。10人中4人は、圧迫と指示だけで催眠状態になる人もいるぐらいです。
まず、被験者を背もたれのついた椅子に腰掛けさせ、術者は被験者の左側に立ちます。左手で被験者の額を押さえ、右手の親指と中指で首の後ろにある後頭動脈を圧迫します。そのまま「声を出して数を数えてください」と言えば、あとは被験者が数を数えなくなるまで黙って

いても大丈夫です。

うまく圧迫できていれば、これだけで、だいたい20まで数えることなく被験者は催眠状態になります。ただし、頭部にある血管を長時間、圧迫するのは危険なことなので速やかに行なうことを心がけてください。あまり時間がかかるようなら他の方法を試みるべきだと思います。

さて、圧迫する具体的な場所ですが、医学書によると「耳の中央から後ろ2・5センチのところ」とありますが、

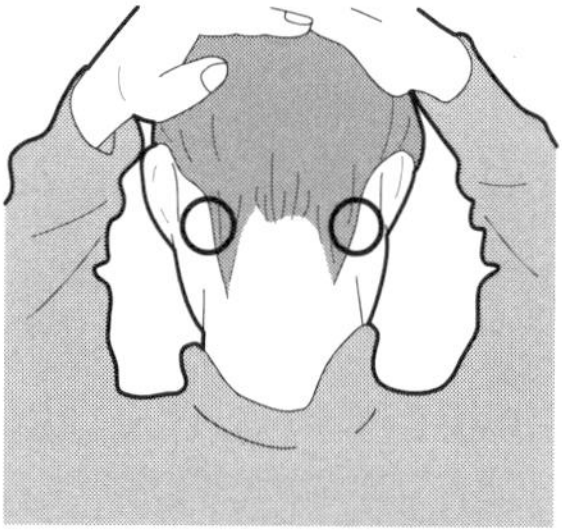

人によって血管の場所は微妙に違いますし、筋肉の硬さや厚みが邪魔をしてうまく圧迫できない人がいることも事実です。言うまでもありませんが、後頭動脈は首の後ろの両側にあり、両方とも同じぐらいの強さで圧迫しないと、うまくいきません。

◎成功率を上げるために③……頚動脈洞圧迫法《けいどうみゃくどうあっぱくほう》

私がこの方法を行なうときは被験者に立ってもらいます。そして天井を見るように命じ、

喉仏の両脇でピクピクと脈を打っている部分をピンポイントで圧迫します。この頸動脈洞のすぐ後ろには迷走神経があり、この迷走神経に刺激が加わると血圧が下がり、意識は変性します。圧迫の加減により、寝ているときの血圧に近づけ、思考が制止したところへ催眠暗示を入れるのがこの方法の理論です。

もともと頸動脈洞は、血圧が上ると膨張してすぐ後ろにある迷走神経に刺激を与え、血圧を元に戻そうとします。この原理を応用して外部から故意的に血圧を下げ、被験者の意識を変性させるわけです。

しかし、この方法は相手の血圧が急激に変化するため、失敗すると被験者は失神してしまいます。相手を失神させてしまったのでは元も子もありません。

成功させるコツとしては、強引に意識を変性させて暗示を入れるのではなく、意識が少しでも変性したら、あとは被験者の認識（あっ！　催眠にかかった）という心理に任せることです。私は親指の腹で、相手の意識が変性し始めた瞬間を感じ取ることができます。意識が少しでも変性し始めたら、すぐに圧迫をやめ、催眠状態に入る被験者の邪魔をしないようにするのが重要なポイントなのです。

それから、この方法は意識の変性が瞬間的なので、前もって予期作用を作っておくか、圧迫と同時にすばやく予期作用を作る必要があります。たとえば「気持ちよく力が抜けていきます！　周りが暗くなって膝から崩れ落ちていく！」――最低でもこのくらいの暗示は必要でしょう。そして被験者が崩れ落ちてきたら、身体に衝撃を与えないように、ゆっくりと床に寝かせるなどして、深化の暗示を与えていきます。

ただ、「まえがき」でも述べましたが、催眠誘導の際、全責任をとるのは誘導者です。この方法は見ての通り、成功率が高い分、危険度も増します。催眠を行なうことに関して責任がとれないのなら、初めからやらないようにしてください。

◎動脈圧迫法の一場面……かかりにくい人でもかけられる

ある日、催眠の愛好者だというご夫婦から「催眠をかけて欲しい」という依頼がありました。このご夫婦は長年、催眠に携わっているものの、一度も催眠を体験したことが無いという。よくテレビに出ている催眠療法士のところや、エリクソン催眠で有名な催眠家のところにも行ったが、やはりかかることはなかったというのです。催眠にかかりたいという意識が強すぎるので、潜在意識が逆を走っているんですね。

私はこの観念を崩すことも考えましたが、相手は2人ということもあって、手っ取り早く頸動脈を圧迫することにしました。2人はソファーに並んで座り、ご主人が右側で奥さんが左側です。

「奥さん、立ち上ってください……できるだけ上を向いて……そして身体の後ろで手を組んでください……」

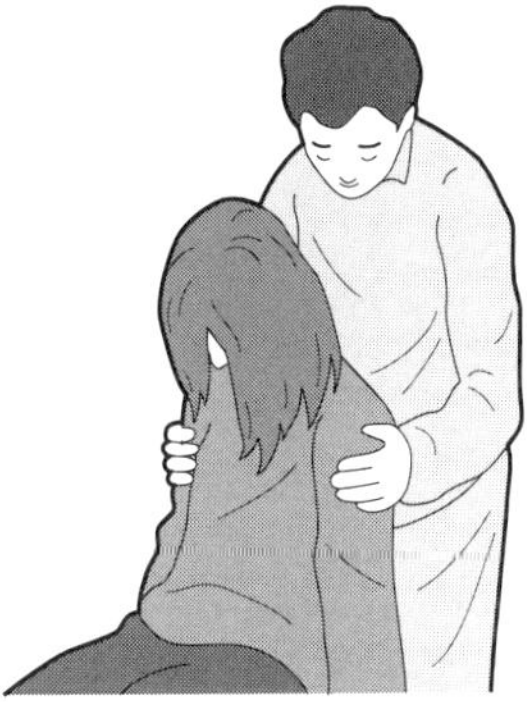

身体の後ろで手を組んでもらったのは圧迫を容易にするためです。このポーズをとってもらわないと頸動脈洞はうまく圧迫できない。そしてよい姿勢ができたら、右手は奥さんの肩におき、左手で頸動脈洞の右側だけを圧迫しました。

「大きく息を吸って……吐いて……」

これだけで奥さんは膝から崩れ落ちていきます。そのままソファーにゆっくりと下ろし、肩から指先に向って撫で下ろす方法（撫摩深化法）で催眠を安定させます。

さて、次はご主人です。私はご主人の左側にまわり、後頭動脈を圧迫しました。

「声を出して、1から数を数えてください……」

ご主人は7までしか数えることができず、口をポカンと開けて催眠状態に入りました。やはり肩から指先に向って撫で下ろし催眠を安定させたのですが、ご主人はこのとき「身体の中を砂が流れていくような快感が駆け巡った」ということです。

このあと2人には水泳選手になってもらいました。言うまでもなく自動運動を起こすためです。

◎モデリング……見本を見せると学びやすくなる

私は、催眠は学びだと主張しています。意識とは違うところで学習するものだと教えています。学習は見本があることによって学びやすくなります。

初めて催眠を受ける被験者は、催眠する者と催眠される者を目の前で見ることによってかかりやすく（学びやすく）なります。催眠では、これを『モデリング』と言います。

ここではモデリングがどのぐらい被験者に影響するか、実例をあげて説明しましょう。

もう何年も前の話ですが、私より2歳年上のタクシー運転手に催眠をかけることになった時のことです。被暗示性が低そうな相手だったのと、私が前にかけたことのある人がその場に居たことから、モデリングを使うことにしました。

モデルになってもらった被験者には「イスから立てない」とか「歩くことができない」などの暗示の後、水をお酒に変えました。そして最後に「目が覚めたあと、あなたは7を数えることができない。あなたの世界に7は無い」という健忘暗示を入れて催眠を解きました。目を覚ました後、「1から10まで数えてください」と言って数を数えてもらったのですが、彼は7を数えてしまいました。それでもモデリングの効果としては十分だと思い、タクシー運転手の彼に誘導を始めました。

意外と簡単にかかったので、どんどんリードしていき、「目が覚めた後、あなたは自分の名前を思い出すことができません」と後催眠健忘の暗示を入れて名前を尋ねると、その彼は「名前?」という具合に見事、成功です。

健忘の暗示に成功したのだから、さっきモデリングのときに失敗した「7を数えることができない」という暗示にも反応するはずです。汚名返上のつもりで同じ暗示を入れましした。しかし、タクシー運転手の彼は7を数えてしまいました。モデリングは文字通りモデリングなんだな~と実感した時でした。

このことから、複数の被験者を相手にしたときは、被暗示性が高まっている人からかけていくのがセオリーということになりますね。なぜなら催眠は学びだからです。よそ見をしてコソコソ話しているような人が多くの事を学べないのは言うまでもありません。

複数の中から被暗示性が高まっている人を探し出すのは簡単です。一番真剣な顔をしている人がそれです。

◎タイミング……悩める人は隙間が狭い

催眠療法を受けに来る人は、健康な人に比べて誘導は難しくなります。なぜなら、自分でどうにもならないぐらい悩んでいる人は、すでに不安というトランスに入っているからです。不安というトランスに入っている人をそのまま催眠状態にするのは不可能です。だから一度不安から出してやる必要があるのです。

それでは、心臓神経症（動悸が起こると不安になる症状）のクライアントを例にとって説明しましょう。

「……風呂に入って頭を洗っていたら、突然、恐怖が襲ってきてパニックになったんです。そのあと心臓がドキドキしておさまりがつきませんでした。それからは毎日、動悸が気になって夜も眠れないんです……」

「いつ頃からですか？」

「半年ほど前からです」

「病院には行きましたか？」

「はい……どこも異常ないって言われました」

「そうですか……」

「前に、甲状腺亢進症になったことがあるんです。だから再発したんじゃないかと思っていたんですが、血液検査をしても異常ないって言われました」

「精神科には行きました?」

「いや、精神科はちょっと抵抗があって……」

「それなら心療内科とか行ってクスリを出してもらえば楽になると思いますよ」

「でも、そういうクスリって一度飲みだすとやめられないんでしょう?」

「そんなことないですよ。治ってきたら欲しくなくなったり、飲むのを忘れたりしますよ。そのときにやめられますよ。もう必要ないって、潜在意識が教えてくれてるんです」


ここでクライアントの顔が少しほころんだ顔になりました。これがトランスから出た瞬間です。ただし、ほんの一瞬なので誘導には踏み切れません。


「……急にパニックになるのがすごく怖いんですよ。今度、パニックになったら、そのまま死ぬんじゃないかってぐらい……これも治りますかね……」

「治りますよ。治らないと困るでしょ! 自律神経が用もないのに興奮してるだけです。自律神経の調和がとれてきたら、もうなりませんよ」

ここでまた、安心した顔になり、少しだけトランスから出てきました。

「……やっぱり、あのときの恐怖体験（初めてパニックになった時）を記憶から消してもらえませんか？」

「一度、潜在意識に入ったものを無くすことはできませんよ。たとえ催眠を使おうとね……だから逃げることを考えないで乗り越えることを考えましょう。私も手伝いますから……」

「私に乗り越えられますかね……？」

「あなたの記憶に、その体験が残っているということは、乗り越えるだけの力がある証拠です。もし、あなたに乗り越えるだけの力がまだ無いとしたら、潜在意識が預かったままになり、あなたの意識に上ってくることはないでしょうね……」

ここでまた少しだけトランスから出てきました。

「……仕事とかもバリバリやりたいんですけどね、動悸が気になって……これが一番のストレスですよ。そのうちストレスに殺されてしまうかもな……」

「……症状が出るのはストレスを受けたときじゃなくて、受けたストレスを外に出すときに症状が出るんです。健康な人はスポーツや趣味を利用してストレスの解消をしたりしますよね？　そういうことをしますか？」

「いえ、スポーツは苦手だし、趣味もこれといってありません……」

「そうですね、あなたがしないから無意識が溜まったストレスを追い出すために症状を出してくれてるんですよ。だから、そういう症状が出ない人のほうが危険なんですね……」

「じゃー症状は肯定的に考えた方がいいんですか!?」

「そうですよ！」

ここで今までにないほど安堵の笑みを浮べました。もう、この瞬間を逃してはいけません。このときが唯一、催眠に入れる瞬間です。

「ちょっと、ソファーにもたれて、楽な姿勢をしてみてください。

そして目を閉じて……目を閉じたら、ゆっくりと呼吸しましょう……ゆっくり吸って……ゆっくり吐いて……ゆっくり吸って……ゆっくり吐いて……そのままゆっくりとした呼吸を続けてください……。

普段、あなたは短くて早い呼吸を繰り返しています。それは理性が働いている証拠です……そのように、ゆっくりとした呼吸を繰り返すことによって、理性は静まり、徐々にくつろいでいきます……リラックスしてくると心臓の鼓動が気になります……そして少し不安な気持ちになるでしょう。でも大丈夫です。その不安は深いくつろぎによって少しずつなくなっていくからです……さあ心の力が抜けてきました……手や足の力が抜けて、気持ち良くなります……もう自分ではどうにもならないぐらい力が抜ける……」

ここで彼はソファーの背もたれに頭をコクンと倒して深い催眠状態になりました。彼はもともと内側の、心臓の鼓動が気になって仕方ないのだから、心臓に意識を向け、かつ集中するのは、彼にとっては簡単なことなのです。この誘導法を催眠では『症状利用法』と言いますが、一度、不安というトランスから出してやることが絶対条件です。あとは悩める人の狭い隙間にタイミングを合わせればいいのです。

ここでタイミングについてもうひとつ別の話をしましょう。

相手が少しでもトランスに入ったら力が抜ける暗示を入れるのは基本だと言いました。この時に使う暗示を『弛緩暗示』と言います。この弛緩暗示は相手が息を吐くときに与えないと意味がありません。息を吸うときに与えた弛緩暗示は効いていないと思ってもいいでしょう。

これは初めて催眠を受ける被験者ならなおさらです。同じ術者の催眠を何度も受けているような被験者は、術者の暗示に呼吸を合わせてくれるようになりますが、最初は術者が合わせてあげないとリードは始まらないのです。

さらにもうひとつ、呼吸のタイミングについて言っておきます。人の呼吸をよく観察していると、ときどき深く息をする瞬間に気がつくはずです。この呼吸の周期的リズムには個人差がありますが、この時がもっとも暗示の入りやすい瞬間です。私は、意味のある大切な暗示はこのときに入れるようにしています。

◎抵抗心の利用……抵抗者に対する一言

催眠術師は潜在意識という『人のこころ』に関わる存在です。そしてこのこころは繊細で移ろいやすく、催眠術にかかることを嫌がる場合もあるのです。そんなときプロならどうするか。次のケースは、こうした難問への一つの答えになると思います。

ある女性が私のカウンセリングルームにやってきました。彼女は毎日、訳のわからない不安に悩まされています。催眠を使って、不安の原因を知りたいということと、できれば不安を取り除いてほしいという依頼なのですが、カウンセリングルームに入ってきた彼女は何かがおかしい。とても礼儀正しく、上品なうえに魅力的な女性です。

でも何かがおかしい。それというのも眼球は私に固着したまま、顔の筋肉も弛緩している。私の微妙な動きも逃さないように、彼女の目は私についてきます。これは催眠にかかっている人の現象です。

「先生、血液型を聞いてもいいですか？」

「ＡＢ型です」
「やっぱり！　私もＡＢなんです。私、先生と生年月日が同じなんですよ。ホームページのプロフィールを見たときに、私を助けてくれるのはこの人だって直感しました……」

このような会話の中、彼女は超能力に興味があるらしく、サイババの話を始めました。

「先生は超能力を信じますか？　それとも催眠術で全部、解明できると思います？」
「ある程度は解明できると思いますよ。たとえば、その超能力者を心の底から信じていたとして、こんなふうに『手のひらから人形が出てきます！』と言えば……」

このとき私は、彼女の目の前で握っていたこぶしを開いて見せたのですが、彼女の眼球は小刻みに痙攣を起こし、「私、先生の手の上に人形が見えるんですけど……」と言う。つまり、彼女は幻覚が発生するほど深いトランスに入っていたのです。初めて会って20分ほどのできごとです。

私は催眠療法の話に戻り、即座に彼女の依頼である不安の原因を調べるために、年齢退行をはじめました。すると10才のとき虫歯になり、歯医者まで自転車で15分の道のりを通っていたのですが、そのときの不安は耐えがたいものだったという。潜在意識はその人の心が抱えきれない不安は心が成長するまで預かってくれます。そして34歳になった彼女の心は成長し、潜在意識は「もう乗り越えるだけの心はできている」とばかりに預かっていた不安を返してきたのです。

ただ、私は彼女の心の負担も考えて、この日はこれで終わりにしました。

そして2回目のセッションです。私は誘導を始めようと、雑談の途中で、「もう呼吸がゆっくりになってきましたよね？」と言うと、慌てて私から目をそらし、苦笑いをする。私は抜き打ちのようなやり方をしたのが失礼に当たったのかと思い、「ごめんなさい。じゃー催眠誘導を始めましょう。身体の力を抜いて……私の目を見て……」――ここでも彼女は目をそらして、苦笑いをする。彼女が抵抗していることは明らかです。

この前のセッションのときは、あんなに抵抗なく誘導できたのに、不思議で仕方ありません。催眠は抵抗している人にかけるものではありませんが、彼女は催眠療法をやっている私のところに来ているのだから、催眠を受けに来ていることも事実です。

私は考えた末に彼女に向って「抵抗している人が催眠にかかると、めちゃくちゃかかっちゃいますよ！」と言って抵抗心を逆に利用しました。すると彼女はすぐに私の目を見据えて、わけもなくトランスに入っていく。このような場合、「怖くないからね」とか「大丈夫だからね」などと言うと、抵抗者の潜在意識はもっと逃げていくのです。

そしてセッションを終えた彼女は抵抗していた理由を話してくれました。

「先生、今日は抵抗していてすいませんでした。このまえ来たとき、自分のかかりやすさが怖くなったんです。私、めちゃくちゃかかってましたよね？」

もちろん彼女があやまることはありません。彼女の被暗示性の高さにまかせて、心の準備ができているかどうかも確かめないで誘導をはじめた私に反省の余地があるのです。

◎プラシーボ（偽薬）……頑固な相手への誘導法

私には長女（ありか）と長男（たかずみ）、2人の子供がいます。これは長女が10才で、長男が7歳のときの話です。ある時、長女が私にこんな質問をしました。

「パパ！　催眠術にかかったら透明人間になれる？」

「透明人間にはなれないけど、パパが透明人間になることはできるよ」

「ホントに！　パパが透明人間になるの？」

「うん」

「じゃ、かけて！」

「いいよ、じゃー、足のつま先とかかとをぴったり揃えて立ってごらん……身体を真っすぐにしたら、目を閉じて……パパが３つ数えたら身体が前後または左右に揺れてくるよ……３、２、１！　ハイっ、身体が自然と揺れてくる……どんどん揺れる……もっと大きく揺れる……揺れが大きくなると、そのまま身体は後ろへ倒れてくる……」

人間は目を閉じて立っていると、じっとしていることが不可能なので、必ず身体は揺れてきます。文字通り、長女の身体も大きく揺れだし、暗示の通り後ろへ倒れてきたので、そのまま床に寝かしました。

「……頭の後ろが床にくっついた！　もう頭を持ち上げることはできない！……あげ

てごらん？……ほら、上がらないでしょう？……」

長女はすんなり頭を持ち上げて、起き上がってしまいました。その後、観念運動を用いて自動運動を起こしましたが、禁止暗示は全然入りません。

そこへ、たまたま長男がやってきたので、床にあぐらをかいて座るように言いました。

「……両手の指を交互に、根元まで組んでごらん……そのまま人差し指だけ真っすぐに伸ばして……」

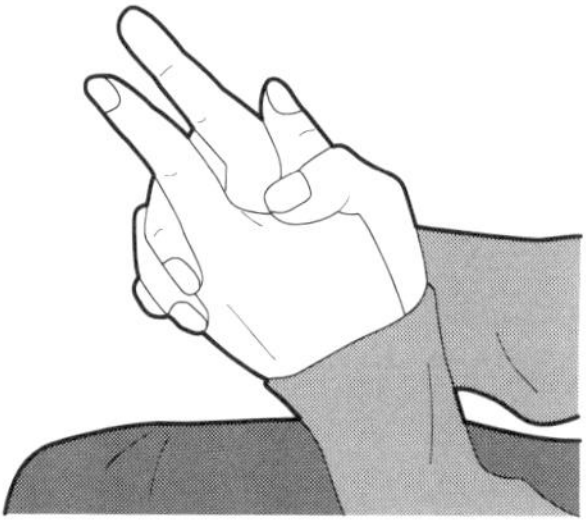

ここで長男の人差し指を両側からつまんで、4センチほど開きました。

「……この指と指の間をじーっと見ていて、パパがハイって言って指を離したら、自然と指が寄ってきて、くっついちゃうからね……ハイっ！　指が寄ってくる！……どんどん寄ってくる……そして指と指がついたら、もう離れないよ！……やってごらん？……」

この方法も指が開いたままの状態には無理があるので、必ず寄ってきます。ちなみにこのような方法は、トリックを知らない相手にすばやく認識を起こす効果もありますが、トリックを知っている相手には効果がないどころか、被験者は「バカにされた」と思い、このあとの誘導は不可能になるでしょう。

さて、長男の誘導に戻ります。

「……指が離れなくなったら、くっついたところを見ていて……今度は瞼が閉じてくる……もっと下がる……もう、閉じてしまう……もう開かない！……」

長男は瞼が開かなくなると、急に顔が真剣になりました。これはトランスに入ったことを意味します。

「……目が開かなくなったら、身体が揺れてくる……右や左に揺れてくる……もっと大きく揺れる……今度は揺れが止まってくる……揺れが止まると、あなたは猫になっています……さあ、目を開けて……」

ここで目を開けた長男は、赤い目をして、猫のように部屋の中をチョロチョロしています。これは長女に対してモデリング効果を狙ったのですが、その後も長女は、暗示には反応するものの、まったく認識が起こらないために深い催眠に導けません。本当に手強い相手です。

長男のかかり具合を見た長女は、さらに催眠に興味をもち、私は困りました。

「ねーパパ、何でわたしはかからないの?」
「絶対にかけてあげるから明日まで待ってくれる?」
「じゃ～約束だよ！　明日ね！」
「わかった……」

この日の夜、香水の空き瓶2本を用意して、ラベルをはがし、パソコンで新しいラベルを作って貼り付けました。1本目の瓶には「催眠術にかかるクスリ」と書いたラベルを貼り、もうひとつの瓶には「催眠術がとけるクスリ」と書いたラベルを貼りました。2本の瓶には、ただの水を入れただけです。そして次の日が来ました。

「……ありか、これ何かわかる?」

「もしかして催眠術にかかるクスリ?」

「そうだよ。じゃーこれは?」

「催眠術がとけるクスリでしょ?」

「そうそう、飲んでみな!　一気に全部、飲むんだよ!」

「わかった」

催眠術がかかるクスリを一気に飲んだ長女の顔は急変しました。

「手のひらが熱くなるから、そうなってきたら教えて……」

「パパ！　手が熱い！」

「目を閉じてごらん。すごく気持ち良くなるよ……」

ここで長女の瞼はピクピクと痙攣を始めました。これもトランスに入ったことを教えてくれているのです。

「そのまま目を閉じていると、花が見えてくるから、ハッキリ見えてきたら教えて？」

「ひまわりが見える……」

「ハッキリ見える？」

「うん、ハッキリ見える……」

「そのひまわり触ってごらん……」

長女は両手を前に出して、何かを触っているようなしぐさをします。

「3つ数えたらふかーく眠って……3、2、1！　ふかーく眠って……体の力が抜ける……心の力も抜ける……」

長女は両手を下ろして、頭をコクンと前に倒しました。

「……ゆっくりと目を開けてごらん、パパの姿は見えないよ！　声が聞こえるだけ！さあ、目を開けて……」

この瞬間、私は長女との約束を果たしました。あとは催眠を解かないといけません。

「今度はこれ（催眠術がとけるクスリ）を飲んで。一気に飲んだら、覚めるまで目を閉じて楽にしてて。手のひらのあったかいのが元に戻ったら催眠が解けてるから、目を開けて……」

長女は約7分ほどして目を開け、「手はまだ温かいけど、もう大丈夫。覚めた！」と言う。このように本来、催眠からの覚醒は被験者が教えてくれるものなのです。

このプラシーボを使った導入法は想像以上に強烈なので、必ず覚めるクスリを用意し、かつ、かけるクスリより量を多くしておくことを忘れないようにしてください。

◎催眠誘導に失敗はない……うまくかからなかったときの考え方

第四章では成功率を上げるためのテクニックをいくつか紹介してきましたが、成功率を上げるための最後の極意は〝ねばる〟ことです。

あるとき私は、ある被験者を催眠状態にして「あなたは、目が覚めたあと、イスから立ち上がることができない」と暗示して催眠を解きました。でも、被験者は立ち上がってしまいました。

私はもう一度、その被験者を催眠状態にして「今度は絶対に立ち上がることができない！」と暗示して催眠を解きました。被験者は立ち上がってしまいました。

私は、もう一度、その被験者を催眠状態にして「あなたが目を覚ましたあと、お尻がイスにピッタリくっついて立ち上がることができません。そのイスはあなたの体の一部です。

あなたが立ち上がるための筋肉は絶対に働かない！　立ち上がろうと思えば思うほど立ち上がることができない！　あなたが立ち上がるのは不可能です」と暗示して催眠を解きました。被験者は立てなくなりました。

催眠術に失敗したというのは、被験者が反応しなかったときじゃない！　術者があきらめたときです。

催眠術の応用テクニック13

第五章◉セックスinトランス

◎セックスへの応用……催眠術で人が淫らになる理由

私はインターネットで『催眠誘導研究所』というホームページを開いています。同じように催眠のホームページを開いている人はたくさんいるのですが、そういった人たちからよく交際を申し込まれたりします。私にとってはとても嬉しいことです。今ではたくさんの友人がいます。その中の一人から次のような報告がありました。

この方は若い男性なのですが、どうやら合コンの際に、一人の女性と意気投合して、ラブホテルへ行ったというのです。そこで催眠の話をすると、彼女は積極的な態度を示したので、誘導をしてみると簡単にかかったというのですが、ここで彼は彼女に対して「今日は発情期です」とか「あなたはマゾヒストです」などという暗示を入れて性行為をしたらしいのです。まるでアダルトビデオの世界だったというのですが、みなさんはこの自慢話のような報告をどう思いますか？

私はこの男性がかわいそうで仕方ありませんでした。もしかすると彼女は刺激を求めていて、マゾ的なことをやってみたいと思っていたのかもしれない。でもタテマエがじゃまをして普段、そんなことはできない。そう思っていたところに、「私は催眠にかかっていたから、こんなエッチなことをしたのだ」という状況を作ってあげたことで、遠慮しないで淫らになれたのかもしれない。このとき本当に催眠に入っていたとしたら、自分に対しても言い訳になる——このようなことをすべて理解したうえで、彼がピエロになってあげていたのなら、私は彼に拍手を送ります。

でも彼は自分の催眠の力で彼女が淫らになったと思い込んでいる。ほおっておいたら将来、彼が大恥をかくことは目に見えています。もし、被験者の心の中に「この催眠術師とSEXをしてもかまわない」という気持ちがあったとします。その気持ちを催眠によって引き出すことは出来るでしょう。しかし、そういった気持ちのない相手にSEXを強要するような暗示を入れても、潜在意識の防衛領域なので絶対に無理なのです。

本章で説明するセックスinトランスは、相手をトランスに入れるために性行為を利用するものと解釈してください。深いエクスタシー(オーガズム)というトランスを目指し、なおもコミュニケーションを強化するものであり、男女共に利益を得るものです。

ここではひとつの例しかあげませんが、流れがすべて催眠術と同じ、トランス誘導の理論であることを把握すれば、いくらでもアレンジできるはずです。さらに、この章では催眠を主題にしては説明しきれない意識誘導のコツのようなものを掴み取っていただければ幸いです。それでは、男性が誘導者ということで話を進めていきましょう。

◎オーガズム……エクスタシーというトランス

よく女性がイクときのことを『オーガズム』と言いますが、同じオーガズムにもレベルの高いものと低いものがあるのです。その差は相手がトランスに入っているかいないかにある。トランスに入っていないときはただイッたというだけで、味気ないものですが、理性が静まり、本能が活発になったトランス状態のときにイクと、本当のエクスタシーを実感することができます。

私はセックスの研究をしているわけではありませんが、専門家によると、女性がオーガズムに達するときは決まって脳にシータ波が流れていると言います。これは深いトランスに入ったときと同じ脳波です。つまり女性にオーガズムを体験させようと思ったら、指の使い方や舌の使い方を勉強するのは二の次にして、いかにセックスを利用してトランスに誘導するかを考えたほうが早道ではないでしょうか?

◎ラポール……信頼関係なくして性感帯なし

先日、東京から香川へ行く用事があり、新幹線で週刊誌を読んでいました。すると「女をイカせるテクニック大公開」というコーナーが図解付で記載されていました。

そこには、どこをどう触れば気持ち良くなるかというテクニックを4ページにわたって公開していました。いわゆる性感帯に関するアドバイスですね。しかし、性感帯がどうのこうのという前にとても大事なことがありますよね。

それはコミュニケーションです。催眠でいうラポールですね。好きな相手にはどこを触られても気持ちいいですが、嫌いな相手がどんなに上手に愛撫しようと女性は感じたりはしませんよね。つまりラポールがとれていなければ性感帯も存在しないということです。

◎リード……セックスも催眠もリードが重要

催眠ではリードの重要性を述べてきました。セックスの場合も同じです。リードはとても重要なものです。相手をエクスタシーというトランスまで誘導しようと思ったら、理性をかなぐり捨てたセックスが必要です。そのためには、まず男性のほうが先にエッチになってやる。ときには変態になることも必要かもしれません。

要するに先に恥をかいてやるわけですね。自分は紳士を気取ったまま、女性にだけ淫らになれと言っても無理な話です。相手の心理状態に合わせて優しくしたり、スケベになったり、相手に合わせた優しさと余裕は常に必要だと思います。

◎キス……成功と不成功が決まるカギ

私は以前、『セックス·inトランス・ザ催眠術』というホームページを2ヶ月だけ立ち上げていたことがあります。2ヶ月という短い期間のなかで79件の問い合わせがありました。中でも女性からのメールが多く、「彼とのキスが少ないから淋しい」とか「セックスの最中、キスがないからイケないんです」というキスに対する不満のメールがあまりにも多いことに驚いたものです。

キスは催眠でいう被暗示性テストにあたり、成功、不成功を決める重要なものだと言ってもいいでしょう。被暗示性テストの技法で被験者は術者の技量を計るのです。つまり被暗示性テストに失敗すると先へ進むのが難しくなるわけです。

キスもあまりおろそかだと、女性はその人のセックスに期待を寄せず、なかなかセックスにたどり着けない場合が少なくありません。ちなみに、「女性はキスの上手な相手に覚悟を決める」と言います。それだけセックス全般に対してキスは重要なものなのです。

月並みなテクニックですが、まず、軽くキスをして、相手の唇を舌先で愛撫したり、舌を挿入して、前歯の付け根の部分を舌先で触るか触らないかというぐらい微妙な愛撫をする。相手が乗ってきたら激しいキスに転換して相手の舌を吸い込んで、歯を立てずに噛んだり（英語のTを発音するような感じ）、キスの仕方はいろいろありますよね。私はこういったものの他に催眠のテクニックを応用します。

横浜でデートをしたときのことです。夜景を見ながら立ったままのキスをしたのですが、彼女の腰に右手を回し、引きつけながら私の右太ももを股間にもぐりこませました。そして左手は彼女の首の後ろに回し、そのまま感情を込めたキスをしていると彼女はズシっと腰を落として私の左腕のほうに崩れ落ちてきました。

彼女は「こんなキス初めて、気を失いそうになっちゃった」と言っていましたが、これも当然の話、なぜならキスに夢中になっている彼女に気づかれないように、首の後ろに回した左手で後頭動脈を圧迫していたからです。

キスは口でするものではありません。全身でするものです。

◎前戯……重要なのはインサートの前か後か?

催眠では「予期せぬ中断はトランスを壊す」と言いました。セックスのときも予期せぬ中断をすると覚めてしまいます。たとえば体位を変えるときにペニスが抜けてしまったり、スキンをつけるときにもたもたするのも危険です。とにかく、トランスを壊さないためにも、飽きさせない前戯を心がけてください。

女性の中にはインサートすると前戯の楽しい時間が終わったように感じる人もいるぐらい、前戯を楽しんでいるのです。よく若い男性は早漏を気にしますが、インサート後の時間が短いのならインサート前に時間をかければいいのではないでしょうか?

前戯は主に感覚に与える刺激がほとんどですが、この刺激は分割して与えることをお勧めします。

被暗示性テストのところで電話帳と風船を使って別の暗示を交互に入れる方法を紹介しましたが、1種類の暗示を与えるより、2種類の暗示を与えたほうが、抵抗力は半減する。3種類の暗示を入れると抵抗力は3分の1になる。しかし、それ以上の暗示を入れると抵抗力を低下させるというより、別の混乱が生じ、暗示そのものを理解できなくなる恐れがありますから注意してください。

ですからセックスのときも1ヶ所を愛撫するより、2ヶ所のほうがトランスに入りやすいし、3ヶ所を愛撫すると、さらにトランスに入りやすいのです。

たとえば、耳にペッティングしながら右手で母乳を愛撫し、太ももで股間に刺激を与えるというようにするわけですね。他にも愛撫する場所はたくさんあるはずです。やはりキスと同様、セックスもペニスでするのではなく、全身でするものなんですね。

◎キャリブレーション………どこまで相手を観察できるか

催眠が上達してくると、催眠に入る前の表情と、入った後の表情の違いがよく分かるようになります。目の動きや顔の色とかで分かるわけですね。そのうち驚愕的な禁止暗示をかけたときに、その暗示が入ったかどうかを眼球の変化や身体の動きで見分けがつくようになります。この観察技術を『キャリブレーション』と言います。

どんなに暗示がうまく言えるようになっても、観察能力がなければ、適切な対応（リード）はできません。つまり催眠誘導では相手をどこまで観察できるかが重要なカギになるわけです。もちろんトランス誘導全般に対して言えることなので、セックスにも当てはまります。

セックスには騎乗位という体位があります。女性が上になるやつですね。私は相手のチャンネルを探すために、1回目か2回目のセックスで必ず騎乗位をやりますが、腰を上下にピストン運動する女性と前後に動かす女性がいます。もちろん他の動きをする人もいますが、割合で言うと、ピストン運動をしない女性が8割を占めています。

これはピストン運動を好んでいない女性のほうが多いということかもしれません。私は腰を前後に動かす女性には、ピストン運動はほどほどにして、前後に擦ったり腰を回すようにしています。つまり相手に合わせているわけです。

催眠でも、相手のリードシステムを探して合わせることは重要だと言いました。セックスのときもできるだけ早く相手のチャンネルを探して合わせてやることです。

◎じらし……理性を捨てさせるにはじらすのが効果的

私は相手の潜在意識をより良く引きつけるために『じらし』を使います。

たとえば催眠をかけるときに、意味深な態度で、被験者が見たか見ないかぐらいのタイミングで、ポケットに〝あるもの〟を隠します。すると被験者は「いまの何ですか？」と聞いてくる。私は「別に何でもないから気にしないでください」とじらすのです。これで被験者の興味は何倍にも膨らむ。

このときポケットに隠した〝あるもの〟とは、スイッチの入ったペンライトなのですが、興味を倍増させるのは本能を活発にする作業でもあるのです。

セックスのときもすんなり下着の中に手を入れるより、入れそうで入れない、触りそうで触らない、といったじらしを繰り返すと興奮度も変わってくるのです。

とくにインサート後のじらしは極めて効き目がある。挿入しても腰を動かさないでいれば、じらしの効果が効いて、愛液の量が変わってきます。愛撫すれば必ず流れてくる透明な愛液ではなく、膣の奥から出てくる白く濁ったやつです。この液が出てくるときは脳にシータ波が流れているらしく、専門家の間ではこの液をシータ液と呼んでいるほどです。ただし腰を動かさないと言っても愛撫をやめてはいけません。あまっている手や口を使ってトランスを覚まさないように努力してください。

◎時期の重要性……性欲のピークはいつか

人間が朝起きると理性の活動がはじまります。そして夜に向かって徐々に理性優先から本能優先になっていきます。

この変わり目は通常、夕方6時前後だと言われています。一日の間でもっとも催眠にかかりやすい時間はこの6時前後なのです。もちろん人によって異なるのは言うまでもないことですが、セックスｉｎトランスにも重要な時期はあるのです。

私はある女性に「女性の性欲がピークになる時期はいつだか知っていますか？」と質問したことがあります。この女性は「生理前？」と答えましたが、セックスｉｎトランスに重要な時期は生理前ではなく、排卵日です。排卵日は女性が唯一メスになるときです。このときがもっともセックスｉｎトランスが成功しやすいときなのです。

◎トランス誘導……人間は雰囲気に弱いもの

私が催眠の受講会を開くときは、5人から10人の間で行ないますが、理論の説明をしていると必ず1人か2人の割合で、トランスに入っている人がいることに気がつきます。途中、大脳皮質の話をするときに、私はわざとテキストを伏せて、手のゼスチャーで説明するんですね。すると、眼球が私の手についてきて離れない人が何人かいます。これは雰囲気に負けてしまって、すでに軽いトランスに入っているのです。

セックスinトランスでは、この雰囲気（演出）を利用してトランスに導入します。それではひとつ例をあげて説明しましょう。

私がある女性と付き合い始めたときのことです。何度かデートをしているうちに、セックスに関する話も出てくるようになりました。彼女はまだイッた経験がないということも教えてくれました。繰り返すデートのなかで、彼女の発言や動作からどうすれば彼女をエクスタシーに導けるか、大体の見当をつけていました。ヒントは、それほど短いスカートを履いているわけでもないのに、やたらとスカートのすそを気にするようなことです。

私はある時期から、彼女に前暗示を入れておくことにしました。

「これからもずっと付き合っていきたいから言うんだけど……俺ね、2年前に大きな失恋してから女性の裸を見るのが怖いんだ。もちろん失恋からは立ち直っているんだけどね。いきなり、そういう雰囲気になると、ちょっと抵抗があってね。これじゃダメだから早く乗り越えようとは思ってるんだけど……こんな俺でも気長に付き合ってくれる？」

彼女は思いやりのある人だったので、この話を真剣に聞いてくれました。そして、日を改めて、彼女は私の部屋へやってきました。私は雰囲気を作ることに全力を尽くし、彼女と激しいキスをしたあと、ちょっと間をあけて、いよいよトランス導入の演出です。

「前にも言ったとおり、俺は乗り越えないといけないことがある」
「わかってるよ」
「乗り越えるために、キミにお願いしたいことがあるんだけど、俺の言うとおりにしてくれる?」
「いいよ」
「そこに立ったまま、後ろ向きになって服を全部脱いで欲しいんだ。そして全部脱ぎ終わったら大事なところを隠して、こっちに振り向いてくれる? 手を取ってすべてを見せてくれるかどうかは君に任せるよ。ただし、俺がいいと言うまで一言もしゃべらないでくれる。できるだけゆっくり……」

彼女は「え〜」と言いながら顔が強張っていましたが、思いやりのある彼女は私のために、言うとおりにしてくれました。

全裸になって私のほうに振り向いた彼女の呼吸はどんどん荒くなる。荒々しい呼吸を全身でするようになった頃、彼女は大事なところを隠していた手をとって、すべてを見せてくれました。このときの彼女の顔は純情ではありません。みごとにトランスに入っているわけです。

ここですかさず、「さっきと顔が全然違うよ! すごくエッチな顔になってるよ」——これが催眠で言う人格変換の暗示です。あとで淫らになってもらうためですね。

この例は見てのとおり初めてのセックスです。でも、初めてだったからこそ、この演出でトランスに入ったのです。これがナアナアになっている恋人同士や夫婦間では違った演出をする必要があるでしょうね。催眠のときも術者と被験者の関係がナアナアになってしまったら誘導は難しくなるのです。

◎深化のテクニック……技法はゆさぶり法が適切

催眠の章で深化のテクニックをいくつか紹介してきましたが、性的興奮がピークになっている相手に逆算法などは不適切です。セックスｉｎトランスでは速やかなリードを続けるためにも、ゆさぶり法が適していると思います。トランスに入れたり出したりする方法ですね。

たとえば、少し覚めた感じで「ねぇ！」と言ってもトランスから出てきますし、名前を呼ぶのも効果的です。ただし、完全にトランスから出してしまうと、白けてしまう恐れがあるので、トランスから出しても、すぐに戻さないといけません。それはほとんど一瞬でやらないといけない。たとえば愛撫をしながら突然、

「ねぇ！　気持ちいいの？　気持ちいいんなら声に出して言わなきゃ！」――これでトランスから出てもすぐトランスに引き込まれるようにまた感じはじめます。これも何度か繰り返すといいのですが、あまりしつこくやるとすべてが台無しになってしまうこともあるので、2、3回やれば十分だと思います。それからトランスが浅すぎるときは逆効果になることもあるので気をつけてください。やはりここでも相手をよく観察したうえで、上手なリードが重要になってくるわけです。

他にも騎乗位の体位で女性に腰の運動をさせるのも効果的です。逆に愛撫を受けるだけの、何もしない女性は、運動がないため、トランスに入れるのが難しいのです。

よくセックスの最中に「イヤ！　もっと！　ダメ！　もっと！」などとつじつまの合わないことを言い出すことがありますよね。これは思考が制止してきた証拠です。こうなると中程度のトランスに入っていると思ってもいいでしょう。

もちろん、こういったセリフを言うのはお芝居でもできます。そんなときはお芝居かどうか確認してみるといい。催眠のときにカタレプシーをかけて催眠状態の確認をするように、セックスのときは胸の真ん中に手を当ててると分かります。本当に感じている人は熱をもっています。エクスタシーの寸前のようなときは粒汗をかく人もいるぐらい熱をもちます。もう、言うまでもありませんが、冷えている人はお芝居をしている人です。

◎シャウト（叫ぶ）……理性の歯止めを外す

さあ、ここまでくるとフィニッシュまであとヒトイキです。ここでは言葉攻めが効果的なのですが、文章にするのは私のほうにも抵抗があるので、別の方法を紹介しましょう。

それは相手にできるだけ大きな声を出させることです。ここでは愛撫をしていてもピストン運動をしていてもかまいません。


「気持ちいいの？」

「気持ちいい！」

「じゃ！　もっと声を出して！」

「気持ちいい！」

「もっと大きな声で！」

「気持ちいいよー！」

「もっと！　大きな声出さないとやめるよ！」

「やだーもっと！」

「イクって言ってみなよ！　イケるから！」

「イクー！」

「ホントにイケるから、もっと大きな声で！」

「イヤ〜ホントにイキそうー！」

「もっと叫ぶんだよ！」


このように誘導していくのですが、人間は大きな声を出すと、理性の歯止めがはずれて本能はますます活発になり、エクスタシーまで到達するのです。ひどいときは失神してしまうこともあるぐらいです。

◎後戯………終わり良ければすべて良し

催眠誘導のあとに被験者から感想を聞いたり、誘導の際にかけた暗示が解けているか、確認することは、とても大切です。なおかつ被暗示性の高まりが元に戻るまで待ってから終了することも大切です。このような誘導後の配慮は次回の催眠誘導を肯定的なものにします。これはセックスにも当てはまることです。

男性の場合、射精をしてしまえば興奮度は一気に覚めますが、女性の興奮度はゆっくりとしか覚めていきません。ですから、セックスが終わったからといってすぐに離れては、今までの苦労が水の泡になってしまうのです。

たとえ勃起していなくてもいいから、女性の胸の熱が冷めるまでペニスを抜かないことです。これが何よりの後戯です。どんなに良いセックスをしても、すぐにペニスを抜いてしまったら女性は余韻を味わっている最中に中断されたような気になって不満が残ってしまいます。できれば女性の興奮度が冷めるまでの間、軽くキスをしたり、髪を撫でたりするとなおいいでしょう。

強いコミュニケーションを作り、かつ持続させるためには、やはり最後まで手を抜かないことが大切なんですね。

催眠療法のエピソード 7

療法としての催眠誘導

第六章◉

◎ダイエット………催眠で減量を成功させるために

インターネットで催眠関係のサイトを検索すると、ダイエットに応用したビジネスが目につきます。中には「4日間で痩せる体質に変えてしまう」というサイトもあります。そういったサイトの宣伝文句を読んでみると、人間の潜在意識はパソコンのプログラムと同じで、悪いプログラムを良いプログラムに書き換えてしまえば簡単に痩せられると書いてあるのです。

もしかすると、この人たちは肥満を習慣としか捉えていないのかもしれません。たとえ肥満の原因が習慣的なものであったとしても、暗示の持続時間が21日間は続かないと、また元に戻ってしまうのです。悪くすればリバウンドの可能性も大いにある。それに、習慣だけが原因のダイエット志願者はほとんどいません。

私がクライアントに「催眠ダイエットに成功する人としない人は、どこが違うと思いますか?」と質問すると、ほとんどのクライアントが「催眠を信じているか信じていないかの違いですよね」と答えます。

しかし、催眠を信じているかいないかなんて関係ありません。信じていない人をかけるのも術者の技量です。催眠ダイエットに成功する人としない人の違いは〝本気〟になっているかいないかです。エステを例にとっても分かると思います。ダイエットが成功して変身できた人、成功しなかった人、リバウンドした人、いろいろいますよね。

テレビなどで紹介されている成功者はほんの一部です。これは、私より長い間ダイエットに携わっているみなさんのほうがよく知っていることだと思います。

では、何が違うのでしょうか？　それはやはり〝本気〟があるかないかです。催眠にかかって「食欲がなくなる」などと暗示を入れてもらえば、あとはマインドコントロールされたように痩せていくと思っていたら大間違いです。

食欲は人間がもつ欲の中でも一番力をもったもの――この生命レベルの欲を押さえつけるような暗示を入れたら間違いなくリバウンドします。

私はクライアントがどのくらい本気になっているか、最初の面接で見極めます。

「本当にやる気はあるんですよね？」

「はい！」

「その、やる気は本物ですか?」

「はい!」

「痩せるためなら何でもしますか?」

「はい!」

「どんな恥ずかしいことでもしますか?」

「はい!」

「わかりました。では、ここまで何を使って来ましたか?」

「電車です」

「どれくらいかかりますか?」

「2時間です」

「ここまで来たらタオルケットをかけてあげるから、今度から、ここに来るときはミニスカートを履いてきてください」

「それはできません! この足をさらけ出すぐらいなら死んだほうがましです」

みなさんはこの会話をどう思いますか? 私は、このやる気は本物とは言えないと思います。それでも女性の読者はここに出てくるクライアントの味方をするかもしれません。でも口で「本気です」と言って痩せられるのならみんな痩せています。

私は本気になっていない人は丁重にお断りするようにしています。なぜなら催眠は自己コントロール不可能なものには役に立ちますが、自己コントロール可能なものが関与していると、その分だけ威力を発揮しないのです。言い方を換えると、甘えは催眠ではどうにもなりません。

本気になっていない人はたいてい、「催眠ダイエットを始めたのだから、もういくら食べても大丈夫」という考えの人です。催眠という名前の神秘性はこういった甘えを生んでしまうのです。後でトラブルを招かないためにも、前もってクライアントの心構えを明らかにするのは重要なことではないでしょうか。

しかし、私の言う本気があれば、催眠性のイメージを焼き付けると劇的な変化が起こる。この本気がある以上リバウンドもしない。たとえばクライアントを最低でも中程度の催眠状態に導いたら、

「あなたは今、街を歩いています。ただ歩いているだけなのに、なぜか苦しい。なぜ

か道をすれ違う人が、あなたを醜いものを見るような目で見ています。とても不愉快です。周りのみんなが噂していますよ。あなたのことをデブとか太ってると言っています！　耐えられないぐらい不愉快です……フッと目の前を見ると、ショーウインドーに映ったあなたの姿が見えます……太ってますね～、これでは周りのみんながあなたを指さして笑っても不思議はないですね……」

この否定暗示を入れると、ほとんどのクライアントが不愉快な顔をしたり、泣きそうな顔になったりします。中程度まで入っているため感情が便乗しているんですね。

次に肯定暗示です。

「あなたは今、街を歩いています。今日は、とっても気分がいいですね～、周りのみんなが噂していますよ。あなたに指をさして、モデルみたいだと言っています。周りの女性達があこがれのスタイルをしていると言っています。男性達は友だちになりたいと言っています。今日は本当に気分がいいですね……フッと目の前を見ると、ショーウインドーに映ったあなたの姿が見えます……ホントにスリムです。あなたの理想そのものです……」

このように肯定的なイメージと、否定的なイメージを催眠中に体験させることによって、潜在意識は必ず幸せなほうへいくのです。だから太っている自分がいかに不幸で、痩せている自分がどれだけ幸せかを潜在意識に教えてやるのがこの方法のコツです。ただし、催眠中に体験したからといって潜在意識のプログラムが変わったわけではありません。これも一時的に潜在意識の背中を押しているにすぎません。だからイメージの焼き付けを何度も繰り返す必要があるのです。

ダイエットはある種、願望の達成です。願望を達成するには強い信念が必要です。信念をもてば潜在意識はゴールの方向を向きます。そして信念は潜在意識の背中を押してくれる。ただし、潜在意識は背中を押された分だけしか前に進みません。潜在意識は常に背中を押していないと、後ずさりしてしまうのです。

だから常に信念をもちつづけ、少しでも行動を起こすことです。たとえ催眠を使おうと、行動を起こさなければ、ただの空想に過ぎません。行動を起こして初めて人間は変われるのです。

ちなみに、否定イメージと肯定イメージを焼き付けたあと、私は行動を起こしてもらうために、催眠後に保守的な暗示を入れておきます。

「今の催眠で潜在意識に影響を与えましたから、１週間以内に必ず、何かの変化がでてきますよ。もしかしたら、ご飯を食べていると、急に欲しくなくなるかもしれません。もしかすると、くつろいでいるとき、急に運動がしたくなるかもしれません。もし、そういった変化が少しでも出てきたら、逆らわずに必ず実行してください……」

このような保守的な暗示を入れておくと1週間は内側の変化に敏感になり、微妙な変化も見逃しません。

ちなみに私のカウンセリンググルームに必ずVサインをして、「先生！　2キロ痩せました！」と言いながら入ってくるクライアントがいました。私が「どんな変化が出ましたか？」と聞くと、「不思議なんですよ、いつもファーストフードのお店の前を通ると、我慢できなかったんですが、この1週間、ぜんぜん欲しくならなかったんですよ……」

このクライアントは催眠前の面接のとき、ファーストフードのことは一言も言いませんでした。これは私の暗示が彼女の中にあったベストな暗示（リソース）を引っ張り出したのです。自分の中から出てきたものなのだから暗示的にも力があります。彼女はむしろ、催眠前の面接で、「寝る前に、間食してしまうんです」と、しきりに言っていたぐらいです。もし、早とちりな催眠療法士がいたら「あなたは間食をしなくなる」なんて暗示を入れていたかもしれません。

どちらの暗示が保守的な力をもっているか、みなさんはお分かりですよね。

この女性は、まもなく服装が変わってきて、周りの人たちからも「綺麗になったね〜」とか「痩せたね〜」とひっきりなしに言われるようになりました。こうなると信念は喜びに変わり、好循環していきます。つまり美欲が食欲に勝ったわけです。もう催眠は必要ありません。つまり、ここまでがセラピストの仕事なのです。信念の与え方を教えるのはセラピストです。そして、信念を持続させるのはクライアントの本気です。

◎禁煙……催眠はどこまで役に立つのか

以前、精神科の医師でもあり、催眠療法家でもある人物がテレビに出演して、治療だかパフォーマンスだか分からない催眠をやっていました。

その日の夜、一人の女性から電話があったのです。


「はじめまして……あの〜今日、テレビで催眠療法やっていたの見ました？」

「はい、催眠術大好きのお医者さんが出ていたやつですよね！　見ましたよ……」

「非常に申し訳ないのですが、名前を知っていたら教えてもらえませんか？」

「知らないです。ホントにごめんなさい」


もちろん知らないから知らないと言ったのですが、もし、知っていても教えていません。なぜなら、この番組の中で、トラウマをもった女性に年齢退行を施した後、スタッフの人が被験者になって「タバコがまずくなる！　吸おうとしても絶対に吸えない！」と暗示されたのです。ここまでならテレビでよくやる催眠なので、私は漠然と見ていました。

問題はこの後です。白衣を着たまま、征服欲に満ちた顔で、デスクの上で足を組み、まずそうな顔をしてタバコを吸っているスタッフに「タバコをやめたいのなら、この暗示は解かずに、このままにしておいてやる」と、スタッフの顔に指をさしながら言ったのです。

このような催眠家を人に紹介できるでしょうか？　私はこのとき頭に血が上るのがハッキリ分かりました。医者であり、催眠療法家という肩書きは、精神的な悩みをもつ人たちの心を引きつけて離さないでしょう。それだけの威光をもった人がなぜ、間違った催眠を見せるのでしょうか？　実際は、催眠だけで禁煙するのは不可能に近い。

ネット上にも禁煙を売りにした催眠関係のサイトはたくさんあります。ここでも、人間の潜在意識はカセットテープと同じだから、巻き戻して新しい情報をインプットしてしまえば4回の施術で改善されると言っている。この人たちは喫煙を習慣と捉えているのです。

しかし、喫煙は習慣の上に中毒が加算されます。タバコを吸うことで脳内物質を通じて副交換機能に影響を与え、リラックスできます。しかし、タバコをやめてしまうと、いままで副交換機能に影響を与えていた脳内物質の成分は力不足になり、交換機能が異常に働きます。これがいわゆる禁断症状です。今では病院でも力不足になった脳内物質を補うために、皮膚からニコチンを吸収するパッチを身体に貼り、徐々にニコチンの量を減らしていくことで禁煙の手伝いをしてくれます。

残るのは習慣です。たとえば食事のあと無意識にタバコに手が伸びるとか、朝起きると、無意識にタバコを咥えてしまうといったような習慣です。催眠はこの習慣を断ち切るためには役に立ちます。しかし、力不足になった脳内物質を補うことはできないのです。

ここで、催眠に知識のある読者から「催眠自体がリラックスさせるものなのだから、タバコの代わりになるのではないか?」という批判が起こるかもしれません。しかし、外部から吸収した刺激物を補えるほど催眠は万能ではないのです。それに、禁煙やダイエットを売りにする催眠サイトが考えているほど潜在意識は単純なものではありません。

人間の潜在意識はパソコンのプログラムでもなければカセットテープでもない! 日々成長を続ける生き物なのです。

◎記憶の復活……潜在意識が教えてくれる「逆行催眠」

催眠がドラマチックに活躍するものに『逆行催眠』というのがあります。逆行催眠とは記憶をさかのぼる催眠のことで、理論は年齢退行と同じです。

ある日、一人の男性から「13年前の記憶を思い出させてほしい」と依頼がありました。

話を聞いてみると、「家族のように可愛がっていた犬が死んでしまい、その犬に何かしてあげたい、血統書を額に入れて飾ってあげたい」ということでした。

しかし、血統書を仕舞ってある場所を忘れてしまい、もしかすると自分の父親が捨ててしまったかもしれないというのです。血統書の番号か、飼っていた犬の最初の名前が思い出せれば、血統書は再発行できる。どっちでもいいから催眠を使って手がかりになるような事を思い出させてほしいとのことでした。

こういった依頼の場合、心の治療とは違うのでカウンセリングはなく、最初の面接の時に催眠感受性テストを受けていただき、次回お会いしたときに逆行催眠を行なうようにしています。しかし、彼はテストの途中でトランスに入ってしまったのです。私は少し休憩をして逆行催眠を施術することにしました。

彼を催眠状態に誘導したあと時計をイメージしてもらい、「どんな時計ですか？」と聞くと、彼は「柱時計」と答える。「いま何時を指していますか？」と聞くと「12時」と答えました。

「私が3つ数えると、その時計は逆回りをはじめます。3、2、1、さあ、逆に回り出した。どんどんスピードが上がっていきます。時間が逆戻りしています。……あなたの家に初めて犬が来たときに時間が戻っています。時計の針がだんだんゆっくりになってきました。……時計の針が止まりました。……いま、あなたは血統書を手にしています。……そのまま見ていると血統書に書いてある文字がハッキリ見えてきます……血統書の番号は見えてきましたか？……」

しかし血統書の番号は見えてきませんでした。犬の最初の名前の部分（スペルが断片的に）が見えてきたが、定かでないという。言うまでもありませんが、催眠状態の深さが少し足りないのです。時間の関係もあったので、私は「やはり次回にしましょう」と言って、その日は終わりにしました。

通常、催眠はやればやるほど深くなります。次回は絶対に逆行催眠を成功させる自信がありました。でも、その必要はなかったのです。

私の説明より、クライアントからのメールをそのまま見ていただいたほうが分かりやすいと思ったので、クライアントに掲載許可をとりました。内容は次の通りです。

「林貞年　様
先日はどうもありがとうございました。今日探していた血統書が見つかりました。大切な物なので絶対に捨てていないつもりでしたが、これだけ探してないと何かに紛れて捨ててしまったのではないかと不安に思いましたが、見つけることができました。

その経緯をお話ししたいと思います。時計を逆行する催眠をかけて頂きましたが、家に帰り瞑想して同様にイメージしました。土曜日には全く何も浮かびませんでした。

今日も午前中したのですが進展がなく、夕方、再びイメージすると血統書とは全く関係ないものですが、私の学生時代の通信簿が浮かんできました。

どういう理由で浮かんできたのかわかりませんでしたが、もしかするとそこに何か手がかりがあるのではないかと思い探すことにしました。私の通信簿は、妹の通信簿と一緒に両親の寝室にあるタンスの奥にある小物入れに保管してありました。そこの下に探していた血統書があり驚きました。

私の記憶では1988年に父が血統書を入手し、以前飼っていた犬の血統書を捨ててしまったことがあり、私が大切に保管することになり、そのまま13年間、私の部屋で保管しているつもりでした。

母の話では、私が大学受験の浪人時代（1993〜1994年頃）に私から見せてもらったことがあると話していましたが私には全く記憶にありません。これらのことから考えられることは、その当時浪人生活で家にいることが多く、話の種で母に血統書を見せて、そのまま母がタンスに仕舞ってしまったと考えられます。

母の記憶ではタンスに仕舞ったということは全く記憶になく、見たという記憶だけです。現在の私の記憶では、そのタンスに通信簿等が仕舞ってあるというのはなんとなく覚えていたのですが、血統書が仕舞ってあるということは全く記憶にありませんでした。

たぶん表層意識が覚えていなくても潜在意識が覚えていたのだと思います。本当にありがとうございました。これで問題は解決したのですが、先日話した通り大学入試の浪人時代から他のことが異常に気になったり、何か別のものに執着してしまい肝心の勉強に集中できず困っていますので引き続き治療をお願い致します」

◎トラウマ……すべてを知っている自分と話す「催眠分析」

心の病気に悩む人は『トラウマ』をもっている人が少なくありません。俗に「過去に受けた心の傷」のことをトラウマと言いますが、われわれは本人が覚えているような心の傷はトラウマとは解釈しません。

第四章でも少し触れましたが、そのときの心では乗り越えることができないような体験は潜在意識が預かってくれます。そして心が成長してくると、潜在意識は違った形で預かっていた体験を返してくるのです。だからトラウマが原因で心身症になっている場合、治るためにはトラウマを探し出し、まだ荷が重いようならセラピストがサポートしながら少しずつ乗り越えていくようにする。苦難を乗り越えないで、なんとなく治ったのでは、なんとなく再発してしまうのです。

潜在意識は預かっていたトラウマを、形を変えて返してくるため、乗り越えるまでにかなりの時間がかかります。もし、形を変える前のトラウマを探し出すことができたら、乗り越えるまでの時間はかなり短いものになる。このとき催眠が力を発揮するのです。

今、海岸で貝殻を探しているところを想像してください。もし、探している貝殻が沖のほうにあったとしたら海に潜る必要がありますよね。催眠はこのときに使う水中メガネの役目をしてくれます。そして、それ以上の役目はしてくれません。つまり催眠はただの道具でしかないのです。

このトラウマを探し出すために使う催眠を『催眠分析』と言いますが、私は催眠分析に『自分との対話法』を使います。催眠も中程度を過ぎると、イメージを視覚化できるようになります。この状態を利用して「あなたの目の前に、もう一人のあなたがいますよ」という暗示によって、もう一人の自分を視覚化させるのです。

どんな自分が見えてくるか、クライアント自身にも分かりません。それは、楽しそうにデートしているときかもしれないし、不機嫌な顔をして仕事をしているところかもしれません。もしかしたら悲しそうに泣いているところかもしれません。そんなとき「何がそんなに悲しいの?」と話しかけると、理由を答えてくれます。ほとんどのクライアントが想像もしていなかった答えが返ってきて驚いています。

ただ勘違いしないでいただきたいのは、トラウマがあるからといって必ずしも催眠を使って原因を探さないと治らないわけではありません。催眠は現在の不安を過去に帰って乗り越えるものだとしたら、現在の不安を現在の行動で乗り越える、『行動療法』というのもあるのです。催眠分析はあくまでも治る力に加速をつける道具だと考えてください。

それでは、私の行なう催眠分析(自分との対話法)がどういったものなのか見ていきましょう。

ある日、女子大生から相談のメールが入ってきました。このクライアントはレストランでアルバイトをしながら学校に通っているのですが、接客中に突然、声が出なくなって呼吸困難になり、病院に運ばれたそうです。その後、いろいろな病院をたらい回しになり、そのつどいろいろな検査を受けたが異常は見つからなかったというのです。やがて病院の先生に「精神科へ行ってみたら？」と言われて悩んでいたところ、精神科に行くのは抵抗があるため、私のところへ来たとのことでした。

「なんとか声は出てるんですね」

「前はこんな声じゃなかったんです。それに呼吸も前の半分しかできていないようで……苦しいです」

「そうですか……」

このときの彼女の声は喉の奥から絞り出すような声でした。

ある程度、話を聞いたあと、催眠感受性テストを行ない、やはり催眠分析することを提案しました。

「……ただ催眠によって、トラウマが見つかったとしても、それだけで治るわけではありません。あくまでも早道だと思ってください。原因を突きとめたとしても、その原因を乗り越えるのは、他のだれでもありません。あなたです」

「はい」

「それでは大きく、息を吸って……そしてゆっくり吐いて……もう一度、大きく息を吸って……ゆっくり吐いて……そして、自分の呼吸に戻ってください……それでは、目を開けて……私の目を見てください。もう目をそらさないで！　そのまま私が、1から、数を順に数えていきます。1つ数えるごとに、ゆっくりとまばたきしてください。いいですね……。

ハイっ、1つ。ゆっくりとまばたきして。2つ。そうです。3つ。さあまぶたが重くなって来る。4つ。どんどん重くなる。5つ。まぶたが下がってきました。6つ。まぶたが閉じてしまいます。もう、まぶたを開けることはできません。まぶたが閉じてしまったら、今度は頭が前に前に倒れていきます。さあどんどん倒れていく……。

こんどは体が左右に揺れてきます。まず体が右に倒れていく！　さあどんどん倒れていく。今度は左に倒れていく。そうです！　そのまま体が左右に揺れて、もう自分ではどうにもならなくなります。もう体の揺れを自分で止めることはできません！

そのまま揺れていると、何も考えたくなくなります。そして頭の中が真っ白になったら自然と揺れは止まります……。

今度は、私が3つ数えるとまぶたを閉じたまま、あなたの目の前に太陽が見えてきます。その太陽は輝きを増してくるから、眩しくて見ていられなくなったら顔を横に向けてください。いいですか?……3、2、1……ハイっ、あなたの目の前に太陽が見えてきました。さあどんどん眩しくなる。もっと眩しくなる……」

クライアントはまぶたをピクピクさせながら顔を横にそむける。

「今度は太陽が小さくなっていきます。ほらどんどん小さくなる……。もう、眩しくないですよ。見てください。ほら、まだまだ小さくなる……。

そして、パチンコ玉ぐらいの大きさになりました。でも、よーく見てください。それは壁にポッカリと開いたひとつの、のぞき穴なんです。そののぞき穴から向こうを見ると、とっても不思議なことが起きるんです。その壁の向こうには、もうひとりのあなたがいます。

壁の向こうにいるあなたが何歳の頃なのか？　何をしているところなのか？　それはのぞいてみないとわかりません。どうですか、のぞいてみますか？」

クライアントはうなずく。

「さあ、どうぞ、のぞいて見てください！」

クライアントは体を前に乗り出す。

「何が見えますか？」

「私！」

「もうひとりのあなたは、何をしていますか？」

「上を見あげて震えてる！　なにかにおびえてる！」

「いつ頃のあなたですか？」

「6歳！」

「では、何におびえているのか、声を出して、尋ねてください。そして答えが返ってきたら、必ず『ありがとう』と声に出して言ってください。わかりましたね？」

「何がそんなに怖いの？……」

クライアントはなかなか「ありがとう」と言わないので、「3つ数えたら目の前にある壁がなくなります……3、2、1！」と言って周り全体が見えるように暗示してみました。

すると、クライアントは、大粒の涙をボロボロとこぼして、震える声で「ありがとう」と言いました。普通ならここで質問するのですが、呼吸が苦しそうだったので、一度催眠から覚まして、催眠後に質問することにしました。

「もうひとりのあなたは答えてくれましたか？」

クライアントはうなずく。

「何が原因でしたか？」

クライアントは答えてくれません。

「言いたくないんですか？」

クライアントはただ泣くだけで答えてくれません。私はクライアントの気持ちが落ち着くまで待つことにしました。約5分ほどして、気持が落ち着いたのか、クライアントは自ら催眠中のことを話しはじめました。

「先生……私、6歳のときに近所の男の子達と山で探検ごっこしていたんです。そしたら迷子になっちゃって……」。ここでまたクライアントは呼吸が荒くなり、泣き出しました。それでも声を振り絞って、「スーツを着て、黒い靴を履いた男の人が木にぶら下がっていたんです……その人……首に紐まいて死んでいたの……」

クライアントは号泣する。しばらく間をおいて、

「乗り越えられそうですか?」

「わかりません……」

「トラウマの正体が分かった以上、あなたが乗り越えるために私は全力でお手伝いし

ます……」

「ありがとうございます……」

その後、声はすぐに出るようになり、直接のカウンセリングは一応、終了しましたが、彼女は乗り越えるまでに半年もかかりました。

◎観念的うつ病……思い込みが作り出す観念への一言

ある日、27歳の男性が「うつ病を治してほしい」と私のところへやってきました。話を聞いてみると、1年前に、何をするにも気力がなく、近くにある心理カウンセラーのところへ相談に行ったそうです。このときロールシャッハテストや性格判断テストを行なったあと、「あなたはうつ病です」と診断されたらしいのです。

それ以後、本屋へ行っても「うつ病」という本を見ると読まずにはいられないほど執着してしまい、どんどん悪化してしまったそうです。

もしかしたら、この男性の気力がなくなったのは心のバイオリズムだったのかもしれません。人間の心にはバイオリズムがあり、周期的に心が沈むときがあるのです。心理カウンセラーから「あなたはうつ病です」と言われたショックで、『観念的なうつ病』を作り出したのかもしれない。それをうつ病に対する執着が深化させたのかもしれない。

私は、うつ病には触れず、とりあえず日常会話をしていました。相手が若い男性ということもあって、女性の話をしていると、青白い顔をして下を向いていた彼から頻繁に笑いがこぼれてくるようになりました。約1時間が過ぎたころです。

「いま笑いましたよね？」

「それがなにか？……」

「いえ、べつに……」

ここで私は納得のいかない顔をして、「いま笑ったよな～」とブツブツ呟いていました。

「どうかしたんですか？」

「いえ、なんでもないから気にしないでください」

それでもまだ私はブツブツつぶやいています。

「なんなんですか？　教えてくださいよ……」

ここで私は男性のほうに振り向いて、

「うつ病って、顔の表情が変わらない人のことを言うの知ってました？」

ここでまた彼はうつ病の顔に戻ります。後は催眠の説明をして、「催眠療法を受けるかどうか家に帰って考えてください」と言って最初の面接を終わりにしました。すると彼は帰りの電車の中で悟りを開いたような瞬間があったという。

心理カウンセラーの一言でうつ病になったのなら、私の一言で治っても不思議はないですよね。ただし、これは観念が作り出した軽度のうつ病だったために成功した実例であって、中程度の心身症に下手なカウンセリングは禁物です。

◎中程度の心身症……催眠療法の領域を超えた「とらわれ」への対処

心身症も中程度になるとカウンセリングはよくありません。催眠療法など行なってもうまくいきませんし、下手をすると悪化させることだってあるのです。やはり中程度を過ぎていると思ったら病院での治療を勧めるべきです。セラピストの仕事としては、病院での治療を安心して受けられるようにしてやるだけでいいと思います。

それではひとつ例をあげましょう。

ある日、33歳の男性から、一本の電話がありました。

「もしもし、あの～催眠療法について、お聞きしたいのですが、一体どんなことをするのですか?」

「一般の催眠療法はクライアントの悪癖を暗示で治したり、催眠分析で心の傷を探したりしていますね……」

「それじゃ、必ず催眠術を使うんですね」

「いや！　催眠を使う必要があると思ったときだけですよ、催眠を使うのは……」

「あの……半年も前のことなんですけど、聞いてもらえますか？」

「いいですよ、どうぞ」

「夜中の12時すぎに、テレビを見ていたら、急に心臓がドキドキして、止まりそうになったんです。もうその日から、悪夢のような毎日で……」

「どんなふうに？」

「毎日、吐き気がしたり、めまいがしたり……」

「あのー、病院には行きましたか？」

「はい！　内科で精密検査も受けましたし、脳神経外科で、脳波の検査も受けました」

「それでどこにも異常ないんですか？」

「はい」

「じゃー、精神的なものかもしれませんね」

「はい、内科の先生もそう言って精神科の先生を紹介してもらったんですけど、全然よくならないんです」

「今も通院してるんですか？」

「はい、薬も飲んでます。でも全然よくならないんです」

「症状は？」

「いっぱいありすぎて、何から話していいのか……」

「とにかく、一度、いらしてください。そして、詳しい話を聞かせてください」

「はい……でも、催眠術にかかるのが、ちょっと怖いんです」

「別に必要ないと思いますよ。あなたの場合」

「……ちゃんと話を聞いてもらえますか？」

「ちゃんと聞きますよ」


ということで、33歳の男性は、私のところへやって来ました。


「電話でだいたいのことは伺いましたが、今日は詳しい話を聞かせてください」

「はい。家のソファーにもたれて、テレビを見ていたら、急に心臓が早鐘を打ったみたいにドキドキしだして、すごく怖かったんですよ。すごい早さでドキドキするんですよ。そう思ったら今度は、ものすごくゆっくりになって止まってしまいそうになるんです。その繰り返しが４時間も続いたんです。すごく怖かったんです。この恐怖を忘れられるでしょうか？」

「忘れられないと思いますよ。それに忘れる必要もないです。いいですか、忘れるんじゃなくて、乗り越えるんです」

「乗り越える……」

「はい……電話で聞くかぎりでは、症状がたくさんあると言っていましたが」

「そうなんです。ずっと吐き気を催しているんです。食欲もないし、少し食べると苦しくてどうしていいのか分からなくなるし、逆にお腹がすくと不安で不安でどうしょうもないんです」

「そうですか、食事もまともにとれないんじゃ、たいへんですね……」

「あと、テレビのニュースが怖くて見られないし、４という数字や、49という数字が急に怖くなったんです。あの日から……」

「それは、急に怖くなったんじゃなくて、あなたの中に潜在していたんです。今回のことで表に出てきただけですよ」

「じゃあ、俺は脳の一部がおかしくなったんじゃないんですか⁉」

「ちがいますよ！……ただ、なんで49という数字が怖いんですか？」

「どうしても『死ぬ、苦しむ』と解釈してしまうんです」

「なるほど、あなたにとって不吉な番号なんですね」

「はい……」

「私の友人でギャンブルの大好きな人がいるんですが、その人は49という数字をとても縁起のいい数字だと言います。『幸せが来る』と解釈しているらしいんです」

「そういう解釈の仕方もあるんですか……」

「それで、精神科の先生は、なんて言ってましたか？」

「自律神経失調症とノイローゼだって言ってました。先生はどう思いますか？」

「私も自律神経失調症だと思います。それとヒポコンドリーというノイローゼ、それから心臓神経症と不安神経症だと思います」

「そんなに、いっぱいあるんですか？」

「珍しいことじゃないですよ、自律神経失調症とノイローゼはだいたいセットですから、自律神経失調症が治ったら全部治ります」

「ほんとうですか⁉」

「ほんとうです！……それで夜は眠れますか？」

「全然眠れません。寝てもすぐ目が覚めるし、それを何回か繰り返しているうちに朝になってます」

「いいですか、人間の脳は生きていくのに必要なだけの睡眠は必ずとるようにできているんです。だから少々眠れなくても絶対に死ぬことはないから心配いりません。治ってきたら眠れるようになるから……」

「それからイライラしてすぐ子供を怒鳴っちゃうし、朝、起きてから寝るまで、原因は何なんだろうって考えちゃうし、もしかしたら、あの時、見ていたテレビに仕掛けでもあったんじゃないかって、ずっと考えてるんですよ。24時間ずっとですよ！」

「イライラするのは神経が高ぶっているから仕方ありませんが、子供を怒っちゃったら必ず後で『さっきはイライラしてたから、ごめんな』って言いましょう。とても大事なことです」

「はい！」

「それから原因をずっと考えているのは、今はしょうがないと思います。治ってきたら自然と考えなくなります。それを『とらわれ』って言うんですけどね。どんな頑固なとらわれも必ず動きますよ」

「動くって、考えなくなるんですか⁉」

「ええ！」

「じゃあ、治るんですか⁉」

「治ります。ただ、治そう治そうとして、浮かんでくる考えを、押し殺さないでください。考えていてもいいんだって思いながら、とらわれを放っておくのが早く治るコツです」

「そのままにしておけって言われても、恐ろしい考えばっかり浮かんでくるんですよ。例えば、このまま悪化して廃人になっちゃうんじゃないかとか、今のこのつらさに耐えられなくなって、自殺するんじゃないかとか、いつか発狂して事件でも起こすんじゃないかって。そんなことばっかり浮かんでくるんですよ。自分の考えが自由にならないんです。自分の考えが怖いんです。もう、いいかげん疲れましたよ……」

「コントロールできないものをコントロールしようとするから、しんどいんです。浮かんでくる観念、つまり人の考えというのは自由にならないんです。いいですか？

自分の行なった行動には責任をとらなくてはなりません。でも自分の想像や考えの責任までとることはないんです。誰にだって悪の考えはあるんです。コントロールできないものは放っておくしかないでしょう。それから自殺することを恐れているあなたが自殺したりなんかしませんよ！　もう少し自分を信じなさい。あなたに足りないのは、自分を信じることです」

「……先生……時々自分が何をすればいいのかわからなくなるんです」

「当面、自分のやるべきことをやってください」

「自分のやるべきこと……」

「はい！　自分のやるべきことです。あなたには、あなたのやるべきことがあるはずです。たとえば父親には父親としてのやるべきことがあるはずです。それを考えて行動してください。自分の想像は自由にならなくても自分の行動は自由になるはずです。主体性をもって行動してください」

「主体性……」

「はい、主体性です。他人の思想というのは操作できないんです。他人がどう思うかなんてことはコントロールできないんです。例えあなたが自分でいくら、いい男だと思っても他人はそうは思わないかもしれない。そうでしょ？　逆にあなたが、俺はいい男じゃないからって思っていても、あなたをカッコイイと思う人はいるでしょう。つまり他人の思いは操作できないんです。

だから自分が良いと思ったことはそれでいいんです。他人に迷惑をかけなければ好きなことをやっていいんです。自分で責任をとれることなら何をやってもいいんです。それが主体性です。何をやるにしても、まず『他人がどう思うか』を気にしていたのでは何もできませんよ。他人の目で世の中を見ていては何もはじまりません。主体性をもって生きてください」

「はい……」

「……それで、仕事はできてるんですか？」

「はい、病院（精神科）に行く日以外は1日も休んでません」

「そうですか」

「でも、仕事をしていてもずっとめまいがして、足が地に着いていないみたいなんです。吐き気もするし、呼吸が止まりそうになるし……」

「それでよく仕事できてますね？」

「俺だって休みたいですけどね。何日も休んだら会社をクビになっちゃいますよ。でも、このままだと過労死するんじゃないかって、不安で不安でしょうがないし……」

「過労死する人は、ムリをしても症状の出ない人ですよ」

「じゃ、俺は過労死することはないんですか!?」

「そういうことになりますね」

「……ほんとうにこのまま悩んでいていいんでしょうか? このままずっと悩んでいたら、そのうち癌にでもなるんじゃないかって心配で……」

「もしかして、『脳内革命』読みました?」

「はい、1も2も……」

「あれを、読んでどう思いましたか?」

「どんなことでもプラスに考えると、体にいいホルモンが流れて健康になるけど、悪いほうに考えると体に毒が流れて不健康になるって……」

「たいていの人がそう思いますよね。でもね『悩んじゃいけない! プラス発想しなきゃ!』と思った時点で、それはマイナスの発想なんですよ。悩みがあるときは、悩んでいてもいいんだって思うことがプラス発想なんです」

「それと何が一番いやかって言われたら、ときどき恐怖が襲ってきて世界が変わるんですよ！　何の理由もなく、何の予告もなしにですよ。この症状だけは、早く治ってほしいですね」

「それは、用もないのに自律神経が興奮してるだけですよ。自律神経失調症の特徴です。それに症状が出るのは、治ろうとしている証拠です。風邪をひいたときもそうでしょ。体内に入った菌を出すために熱が出るでしょう。それと同じですよ。症状の出ない人のほうが良くないんです」

「じゃあ、俺は何もしなくていいんですね？」

「何もしなくていいってことはないですよ。たしかに人間の体には自然治癒力があります。心にも自然治癒力はあります。でも、その自然治癒力の届くところまでは薬を飲むとか、何かに頼らなければ、しんどいでしょう。人間はひとりで生きていけるほど強くはないんですよ」

「……俺は、治るために、何をすればいいんですか？」

「とにかく療養することですよ。治るまで楽でいることです。あなたの病気は死ぬ病気でも狂っちゃう病気でもありません。そうなるんじゃないかって心配する病気なんです」

「それと……薬は飲んでいていいんですか？」

「何で飲んじゃいけないんですか？」

「1日3回飲むように言われてるんですけど、1日に3回も飲んでたら薬中毒になるんじゃないかって心配で心配で……」

「何の薬を飲んでいるんですか？」

「精神安定剤です」

「精神安定剤は睡眠薬や血圧の薬と違って習慣性がないから、やめるときにリバウンドもないし、やめる時を、あなたの潜在意識はちゃんと教えてくれますよ」

「えっ！　どういうことですか？」

「ときどき飲むのを忘れたり、薬を欲しいと思わなくなりますよ。その時がやめるときです。それだけ必要ないってことですからね」

「じゃあ、薬を飲んでいれば治るんですか？　元の自分に戻るんですか？」

「いや！　元には戻らないでしょう。いま、苦しんでいる分、心は成長しますから、ひとまわりもふたまわりも大きくなってストレスに強いあなたになりますよ」

「じゃあ、俺は潜在意識が教えてくれるまで薬を飲んでいていいんですね！」

「そうです！」

この男性は半年後、わざわざ私のところに来て、精神科の医師から「もう来なくていいって言われた」と報告してくれました。つまり心の病気は完治したということです。うれしそうな顔で「どこか変なのは、やっぱりどこか悪いんだから薬飲んで、じっとしてれば治るんですよね！」と言っていたのが、とても印象的でした。

◎心理的策略との対決……この世で一番大切なものを見つける旅

ある日、32歳の女性から「ときどき自分をなくしてしまいたくなるんです。話を聞いていただけませんか？」という電話が入ってきました。その後、私のところに来てもらい、話を聞きました。すると彼女は、2年前に離婚をして、子供を手放してしまったというのです。

離婚の原因は彼女の浮気です。彼女は元の家族に戻りたいのに戻れないという。ここまでなら今の世の中、どこにでもある話です。

彼女はここ2年の間、3度もご主人に「元に戻りたい」と頼んで、ご主人は優しく受け入れてくれたそうです。それなのに、家に帰っても1日か2日すると、なぜか不安になって、出て行ってしまうというのです。私は彼女の了解を得て、ご主人と話をさせてもらいました。

ご主人は、彼女が浮気をしたことから離婚に至るまでのできごとを「妻が私にひどいことをしたとは思っていません。うちの家族に起きた事故だと思っている」と言うのです。

私は不思議に思いました。お互い元に戻りたがっているのに、なぜ元に戻れないのだろうか？　元に戻るために家に帰って来てもなぜ、彼女はすぐに出て行ってしまうのだろうか？　私はこの夫婦のために、何か力になりたいと思いました。

その後、ご主人とは何度も会って話を聞きました。彼女からは話を聞きたくても、肝心なところが断片的に記憶から消えているので、リラックス程度の軽い催眠を使って話を聞き出しました。すると一見、身の上相談のようにも思えるこの依頼には『心理的策略』が隠されていたのです。話をまとめてみると次のようになります。

このご夫婦には2人の子供がいて、とても幸せな4人家族でした。2年前にパソコンを購入して夫婦共に夢中になっていたそうです。そのうち奥さんのほうは主婦業が忙しく、パソコンもほどほどになりましたが、ご主人の方はさらにハマっていき四六時中パソコンをやっていたそうです。それを少し淋しく感じた奥さんは、出会い系サイトにハマっている主婦仲間と仲良くするようになりました。

この主婦仲間のリーダーをA子としましょう。A子は、この仲のいい夫婦を日ごろから妬んでいたことがわかりました。その後A子の猛烈な誘いと、20歳という若さで結婚した彼女は、周りが見えなくなるほど出会い系サイトにハマっていったそうです。

出会い系サイトで知り合った数名の男性とデートをしていた彼女は、一人の男性と肉体関係になってしまいました。しかし男性のほうは遊びだったらしく、一度の肉体関係で離れていってしまいました。この一度の関係が運悪く、ご主人にバレてしまったのです。ここで夫婦仲にヒビが入ってしまいました。この夫婦はマイホームを購入したばかりで、幸せの絶頂だったのですが、彼女にしてみれば天国から地獄です。彼女はどうして良いのか分からず、手が震えたり、身体に湿疹が出るほど情緒不安定になったとのことです。

ご主人は、とにかくA子たちとの付き合いをやめさせるのが先決だと思い、A子に電話をかけ、「うちの妻と付き合いをやめてほしい」と頼みました。しかしA子は、ご主人の頼みに対し、「奥さんの浮気をわたしのせいにしないでよ！」と逆上したというのです。

この頃からA子の策略は本格的になったそうです。A子は、情緒不安定になっている彼女と会うたびに、次のような言葉をたくさん吹き込んだようです。

「旦那に申し訳ないなんて思う必要ないよ！　浮気したのは、それだけ今の生活に不満があったってことなんだから、旦那が悪いんだよ！　いい機会じゃない、あなたは美人なんだから女として生きるべきだよ！　本当に幸せにしてくれる人を探しな！　出会いのサイトで探せばいいじゃん！……」

手が震えるほど悩んでいた彼女は、とんでもないことをしてしまったと思うと、自分が壊れそうになってしまう。そんな彼女にとってA子の言葉が癒しになったのでしょう。家に帰ってもギクシャクしたご主人との会話と離婚問題、引っ越して1ヶ月もたっていないマイホームに彼女の居場所はなく、唯一A子の話を聞いているときが、心の落ち着くときだったのです。

一方、ご主人は女性を殴ることのできる人間ではなく、自分の中で消化しようと頑張っていたそうです。しかし、彼女に反省の色はなく、いつもこそこそしている。「携帯電話を見せてみろ」と言うとトイレに逃げてしまう。こんな状況なのに、何を考えているのか理解できなかった、だから離婚という言葉で反省してほしかったという。

その一方でA子の心理誘導はどんどんエスカレートしていきます。

「あの旦那は浮気されて黙ってる奴じゃないよ！　絶対に仕返しされるよ！　寝てるうちに殺される可能性だってあるよ！」

情緒不安定な状態にいる彼女は、A子からこのようなニュアンスの言葉を繰り返し聞かされたそうです。これは悪徳宗教が使う洗脳の手口です。このときの彼女の心のよりどころと言えば自分を肯定してくれるA子の言葉です。情緒不安定な状態にあり、みずから考えることをやめてしまっている彼女は、A子の言葉が潜在意識に入り込み、本当にご主人と一緒にいるのが怖くなったとのことです。

こうなると、ご主人が優しくすればするほど彼女の観念には「何かたくらんでいるのではないか？」と思うようになり、A子の暗示はひとりでに増幅されていくのです。そして、さらにA子は彼女を追い込みます。

「愛情なんて信頼のうえにあるんだよ！　夫婦とは言え、こっそりパソコンのメールを見るなんて信頼できないじゃん！　やっぱり旦那が悪いんだよ！　あなた、信頼できない相手と一緒に暮らせるの？　もう、旦那の気持ちの中には、あなたが裏切ったってことは一生残るんだから、幸せになんてなれっこないよ……」

彼女は、この頃から旦那を憎むようになってしまったのです。彼女の中には、今回の一件を解決するすべはなく、苦しくてたまらない。でも「旦那が悪かったんだ」と思い、かつご主人を憎むことで楽になる。とうとうA子の心理誘導は彼女の枠（フレーム）を広げてしまったのです。

これは、われわれがカウンセリングのときに使う『リフレーミング』という技法です。A子はリフレーミングをみごとに悪用したのです。

彼女はご主人の行動をちくいちA子に報告し、A子はご主人の行動を悪口に変えてくれる。すると彼女はどんどん楽になる。もう、彼女はご主人が苦しむことなら何でもする。

ご主人が嫌がることは片っ端からするようになりました。そして、出会い系サイトで新しい男性を見つけた彼女は、頼れる人ができたため、さらにご主人を威嚇してしまったそうです。

しかし、ご主人にしてみれば最悪の状況です。それでも彼女の暴走は止まることを知りません。離婚するまでは誰が何を言おうと聞く耳をもたなかったそうです。しかし、ご主人に対しては離別ということで割り切れる。でも彼女には子供がいるのです。ご主人は子供を手放すような人ではなく、もめることは間違いありません。しかし、彼女は別の男性の存在がバレるのが怖くてご主人との話し合いは避けていて、家にも帰らなかったそうです。この彼女の迷いをなくし、離婚の決意をさせたのはやはりA子の言葉でした。

「一緒に生活するだけが子供の幸せじゃないんだよ！　遠くで見守ってあげる幸せだってあるんだよ！」

母親と離れて幸せな子供がいるわけがない。特に、このご家族は2ヶ月前までは円満な家族だったのですから……。

正常な状態ならこんな簡単なことは誰でも分かります。でも思考が制止している彼女には、自分を助けてくれるアドバイスのように聞こえてしまったのです。

ご主人は突然、奥さんが家から出て行ったので、精神的ショックもあり子供の面倒を見ることができず、実家のご両親に預けたそうです。そして浮気事件から4ヶ月後、このご夫婦は正式に離婚してしまいました。

やはり離婚が成立してしまうと、A子は彼女との付き合いをやめたそうです。彼女は出会い系サイトで知り合った男性と同棲していますが、心理誘導をしていたA子がいなくなった今、彼女は考え直して、ご主人に「寄りを戻したい」と頼んだそうです。

ご主人は優しく受け入れてあげたそうですが、彼女の同棲相手である男性が素直に「うん」と言うはずもなく、荷物をまとめている彼女に「また泥沼の生活に戻りたいのか！」と体中に青あざができるほど殴られたそうです。このようなことが2年間に3回あり、そのほとんどが半年に1回の周期でやってきたというのです。

もうお分かりのように、心理誘導をはじめたのはA子ですが、離婚後の心理誘導は同棲相手の男性です。脳を征服している人物が変わっただけで、彼女は情緒不安定な状態が続いているのです。自分で考えることをやめている彼女は、常に誰かに誘導されている状態なのです。悪徳宗教に洗脳されている人たちも周期的に洗脳から解ける時期があります。だから常に洗脳を続けて、元の自分に戻さないようにするのが悪徳宗教の手口です。

ご主人によると、彼女が家を出て行くちょっと前に顔つきが変わり、「私は変わった！」としきりに言っており、言葉使いがまったく別人のようだったというのです。彼女は、A子の言葉でご主人と話し合いをしていたのかもしれませんね。

このようなことや、他の要素も含めて、私は彼女を洗脳の被害者として考えはじめ、ご主人には次のようなアドバイスをしました。

「今度、彼女が寄りを戻したいって言って来たら、1ヶ月ほど旅行に出かけてください。お互い、携帯電話を持たず、彼女がこっそりどこかへ電話しないように気をつけて、楽しい時間を過ごしてください。復縁の話をすると、彼女は追い込まれているような気がして逃げ出す可能性もありますから、あまり話題に出さないほうがいいですね。それからセックスも強要しないほうがいいです。彼女は逃げ道がなくなると感じるかもしれません。心が壊れそうになったとき、唯一あなたを憎むことで心を支えていたのだから……」

私が1ヶ月の旅行を勧めたのは、苦い思い出しかないマイホームからしばらく離れて、ご主人とコミュニケーションをとってもらうためです。携帯電話を持たないように指示したのは、彼女の脳から一度、同棲相手の声や言葉を消してしまうためです。今は暴力をふるう人でも、出会ったときは彼女に優しい言葉をかけていたに違いありません。

この頃にはA子に言われた「仕返しされるよ！　殺されるかもしれないよ！」という言葉も潜在意識に浸透していて、ご主人に近づくと、なぜか不安になるようになっていたと推測できます。だから頭では分かっていても、ご主人の言葉より、暴力をふるう男性の言葉を優先してしまうのです。

洗脳を解くには、彼女の脳から同棲相手の声をなくしてしまうのが早道です。

彼女は同棲相手にカゴの鳥のような扱いをされていたので、カウンセリングもろくにできませんでしたが、まもなく彼女は、ご主人に「寄りを戻したい」と言ってきました。ご主人は、今回が元に戻るための最後のチャンスだと覚悟を決めていたのです。ご主人は「今回も彼女が離れていったら復縁のことはもう考えない。子供にもあきらめてもらう」と言っていました。

「旅行に行ったらどんなことを心がければいいのですか？」

「ただ楽しい時間を過ごせばいいのですが、ひとつ気をつけないといけないことがあります。それは洗脳が解けてくるにつれて、彼女は自分の犯した罪の重さにつぶされそうになるでしょう。特に子供を手放したという罪にね……そのときは思いやりをもって接してあげてください」

「あいつ（彼女）が今回のことを話し出したらどうすればいいのですか？」

「無理に話を避けることはありません。彼女の話を聞いてあげてください」

一方、彼女のほうは、同棲相手に「別れたい」と話をしたら、「元旦那のところへ戻るのだけは許さない！　おれを利用したんだから慰謝料をとるぞ！」と脅されていたのです。

もちろん籍を入れているわけでもなく、同棲生活も3年以内なので慰謝料など発生しません。私は彼女に「大丈夫だからご主人のところへ行きなさい」と言いました。

そして、旅行へ行く前に、彼女にカウンセリングを受けるように提案しました。それというのも、浮気が発覚して情緒不安定になったときに、彼女がするべきことは自分の幼児性を憎み、捨ててしまうことだったのです。それをA子の悪質な妬み心が彼女の幼児性を増幅させてしまったのです。

人は悩んでいるときに、誰に相談するか、誰と出会うかで人生が大きく変わってくるものです。私は彼女を催眠状態にして、A子に言われた言葉、それによって行なった行動をひとつずつ修正していきました。それはあやまちを犯した子供を教育するかのように……。

そして、やはり旅行の最中、一波乱も二波乱もあったそうです。彼女は「家には帰れません」と何度も言うのだが、その理由はつじつまの合わない、わけのわからないことだったと言います。それでも3週間を過ぎた頃、彼女の顔の表情が変わりはじめ、仲が良かった頃の彼女に戻ってきたので、家に帰って来たとのことです。

洗脳が解けた彼女は、たまたまA子が公園で子供と仲良く遊んでいる姿を見かけて、怒りに打ち震えたそうです。しかし、彼女も自分がしっかりしていれば今回のようなことは起こらなかったわけですよね。彼女には十分反省の余地があると思います。

ただ、これですべての問題が解決したわけではないのです。ご主人のご家族は、彼女の振る舞いに対して怒っていて、「とにかく一度、詫びを入れに来い！」と言っている。どうやら彼女は、離婚直前に、ご主人のご家族に対して、わざわざ電話で偉そうなことを言ったというのです。子供はご主人の両親が預かっているため、離婚後、一度も会っていません。子供に逢うためにも、人間としての筋を通すためにも、避けては通れない試練です。しかし、謝りに行こうと思っても足がすくんでしまうという。

私はご主人の許可を得て、彼女と食事に行きました。カウンセリングルーム以外で話がしたかったからです。そして食事中、彼女から「そこの道路で、この前、大きな事故があったんですよね」という話が出たので、私は次のような話を聞かせました。

「もう何年も前のことですが、免許をとったばかりの女子大生が、死亡事故を起こしたんですね。この女子大生は、自分の起こした事故の重大さに怖気づいて、その場から逃げてしまったのです。いわゆるひき逃げですね。この女子大生は何度も自首をしようと悩みましたが、死んでしまった人のご家族の怒りを考えると、怖くてなかなか出頭できなかったのです。しかし、逃げていてもこの罪悪感がなくなるわけでもない。悩み抜いた女子大生は、自分が罪をつぐなうためには、誠意をもって、一生、被害者のご家族に詫びることが大事だと正しい罪のつぐない方に気づいたのです。

誠意をもって罪をつぐなうと決意した女子大生の気持ちは、被害者のご家族に伝わらないはずがありませんよね。女子大生は人生を捨てたつもりでいたのですが、いつしか被害者のご家族はその女子大生を心から許してくれたのです。

そしてこの女子大生は、母親にこう言ったそうです。『恐怖は外にいるときだけだった。中に入ってしまうと恐怖はゼロになった』ってね」

その後、このご夫婦は元の家族に戻ることができました。彼女は後遺症のようなものに悩まされ、突然、理由もなくご主人から逃げ出したくなるようなときもあったそうですが、それも2ヶ月ほどでなくなったということです。

今では、子供と一緒にいる一秒一秒を大切にし、微笑むと微笑み返してくる現実に幸せを実感しているそうです。

そして彼女は私に大切な言葉をくれました。

「この世で一番大切なのは家族ですよね。家族として守るべきものは、家族の心なんですよね」

◎あとがき………心理学の一分野としての催眠術

催眠療法については、もう少し実例をあげて催眠の実態を伝えたかったのですが、なにしろページ数に限りがあるため、さわり程度になってしまったことを少し残念に思っています。

ところで催眠術が不思議な術ではなく、心理学の一分野であることをご理解いただけたでしょうか？　催眠術が心理学の一分野である以上、知識に対する勉強と、実践を重ねていくことで、その技術はいくらでも進歩します。

自称瞬間催眠の達人と称する人が「どんな人でも会った瞬間に催眠をかけないとプロとしてはやっていけない」と言ったそうです。「それなら私に催眠をかけてみてください」と言うと「会った瞬間ならかけられたんだけどね……」と答えました。

これは実際にあった笑い話なのですが、どんなに技術が進歩しても、会った瞬間にどんな人でも催眠に入れることはできません。なぜなら自分を守るための防衛本能は潜在意識の中にあること、被暗示性は常に移動していること、そして催眠はコミュニケーションをとるための優れた技術であり、魔術ではないからです。

たとえ相手が目の前にいても、心が別の場所に逃げていたら優れた技術も焼け石に水、被験者が術者のテリトリーに入って初めて技法が使えるのです。術者のテリトリーに入るか入らないかは被験者の自由です。術者のテリトリーに入ってもらい、かつ持続させようと思ったら、やはり思いやりのある「ラポール」が不可欠なのです。技法ばかり磨いても、心が汚れた術者には誰も寄ってきません。

催眠は人間を操り人形にすることはできません。術者がどんなに胸を張って暗示を入れようと、被験者の潜在意識は高いところから見下ろしているのです。それは催眠の下に人間がいるのではなく、人間の中に催眠という能力があるという当たり前すぎることに目を向けていただければ分かると思います。

催眠の技術が上達すれば、相手がどんな状況にいても術者の思う方向に誘導できるというのは間違った考え方です。このような間違った考え方をしていると進歩が遅れるだけ、催眠は上手くなればなるほど相手の潜在意識を自由にしてやりたくなるのです。

私は催眠に携わってからずっと過言をせず、真実を伝えてきたつもりです。これからもそうしていこうと思っています。そのために今回の出版は私の目標に大きな前進を与えてくれました。この出版に対して多くの方から支援をいただいています。現代書林の相根氏と坂本氏には惜しみない協力をいただきました。

催眠をやめたくなったとき、私を支えてくれたクライアントや受講生達、そして私が催眠に携わっているために多大な迷惑をかけてきた家族に、この場を借りて感謝の気持ちとお詫びを申し上げます。

◉INFORMATION

催眠誘導研究所では、受講会に参加された方に対し、復習用にスタッフがDVDを作製しています。催眠術のかけ方をノーカットで収録したこのDVDを今回、一般の方が入手できるように通信販売を開始しました。購入希望の方は催眠誘導研究所ホームページからお申し込みください。催眠誘導研究所ホームページには、支部の紹介やセミナー、ほか参考書なども数多く観覧できるようにしてあります。是非ご覧ください。

【催眠誘導研究所ホームページ】

http://www.h5.dion.ne.jp/~sleep

催眠術《さいみんじゅつ》のかけ方《かた》

2003年7月23日　初版第1刷
2019年11月20日　第15刷

著　者——林 貞年《はやしさだとし》
発行者——坂本桂一
発行所——現代書林
〒162-0053 東京都新宿区原町3-61 桂ビル
TEL03(3205)8384(代表)　振替00140-7-42905
http://www.gendaishorin.co.jp/
カバーデザイン——渡辺将史

印刷・製本：広研印刷㈱
乱丁・落丁本はお取り替えいたします。
定価はカバーに表示してあります。

ISBN978-4-7745-0566-4　C0211